DIREITO E INFRAESTRUTURA

GUIA DO INVESTIDOR

REDE de Escritório LEXNET:

- Amaral de Andrade Advogados Associados — **São Paulo/SP**
- Armond Advogados — **Macapá/AP**
- Bispo, Vieira, Porto, Baldo & Alvares Advogados — **Aracajú/SE**
- Carrion Advogados — **Porto Alegre/RS**
- De Figueiredo Demeterco Advogados Associados — **Curitiba/PR**
- Edson Barcellos Advogados Associados — **Goiânia/GO**
- Elarmim Miranda Advogados Associados — **Cuiabá/MT**
- Elbert Vagedes Abogados — **Buenos Aires/Argentina**
- Escritório de Assessoria Jurídica José Oswaldo Corrêa — **Rio de Janeiro/RJ**
- Fernando Maciel Advocacia & Consultoria — **Maceió/AL**
- Forti & Valdivieso Advogados Associados — **Curitiba/PR**
- FRS Consultoria e Assessoria Jurídica e Empresarial — **Santos/SP**
- González Mullin, Schickendantz Y Asociados — **Montevideo/Uruguai**
- Gruppi, Fonseca & Sampaio Advocacia e Consultoria Empresarial — **Belém/PA**
- HM Consultoria Ltda. — **Sorocaba/SP**
- Imaculada Gordiano Sociedade de Advogados — **Fortaleza/CE**
- Jaloreto Advogados Associados — **São Paulo/SP**
- Lemos e Associados Advocacia — **Campinas/SP**
- Lopes da Silva & Associados — Sociedade de Advogados — **São Paulo/SP**
- Machado Neto, Bolognesi, Azevedo e Falcão Consultores e Advogados — **Salvador/BA**
- Messina, Martins e Lencioni Advogados Associados — **São Paulo/SP**
- MM & A Corporate Law — **Montevideo/Uruguai**
- Newton Silveira, Wilson Silveira e Associados Advogados — **São Paulo/SP**
- Portugal Vilela Behrens — Direito de Negócios — **Belo Horizonte/MG**
- Varella Advogados Associados — **Vitória/ES**
- Vianna & Gabrilli Advogados Associados — **São Paulo/SP**

LUCIA VIDIGAL ZIMMERMANN
Coordenadora

DIREITO E INFRAESTRUTURA

GUIA DO INVESTIDOR

LTr EDITORA LTDA.

© Todos os direitos reservados

Rua Jaguaribe, 571
CEP 01224-001
São Paulo, SP — Brasil
Fone (11) 2167-1101
www.ltr.com.br

LTr 4618.7
Maio, 2012

Dados Internacionais de Catalogação na Publicação (CIP)
(Câmara Brasileira do Livro, SP, Brasil)

Direito e infraestrutura : guia do investidor / Lucia Vidigal Zimmermann, (coordenadora). — São Paulo : LTr, 2012.

Vários autores.
Bibliografia.
ISBN 978-85-361-2112-3

1. Direito econômico 2. Empreendimentos 3. Financiamento à infraestrutura 4. Infraestrutura 5. Infraestrutura e aspectos trabalhistas 6. Infraestrutura e aspectos tributários 7. Investimentos 8. Negócios 9. Regulação I. Zimmermann, Lucia Vidigal.

12-04568 CDU-34:33

Índices para catálogo sistemático:
1. Direito econômico   34:33

Sumário

APRESENTAÇÃO — Coleção LEXNET 11
PALAVRA DA COORDENADORA 13
OS AUTORES 15

Parte Geral

Capítulo I
O FINANCIAMENTO À INFRAESTRUTURA E O BANCO NACIONAL DE DESENVOLVIMENTO ECONÔMICO E SOCIAL
Gustavo Zimmermann / Mateus Vieira Costa

1. Palavras Iniciais 21
2. Mecanismos de apoio financeiro 23
3. Finem infraestrutura 25
4. Project Finance 27
5. Outras fontes de financiamento 28
    5.1. BNDES Automático 28
    5.2. BNDES Empréstimo Ponte 29
    5.3. BNDES Fianças e Avais 29
6. Fluxo e prazos para tramitação e elaboração de projetos 29
7. Considerações finais 33

Capítulo II
INFRAESTRUTURA E ASPECTOS TRIBUTÁRIOS. COMO EFETIVAR PLANEJAMENTO PARA IMPLEMENTAR AS OBRAS
Daniela Augusta Santos Brandão / Igor Azevedo Silva Almeida

1. Introdução 35
2. Sistema Tributário Nacional 36
    2.1. Modalidades de tributos 36
    2.2. Obrigações tributárias 37
    2.3. Responsabilidade pelo pagamento do tributo 38
    2.4. Estabilidade tributária 39
        2.4.1. Princípio da legalidade 39
        2.4.2. Princípio da anterioridade 40
        2.4.3. Princípio da irretroatividade 40
    2.5. Isenção 40

3.	Planejamento é a melhor opção	41
	3.1. Planejar de forma legal e segura a partir dos benefícios disponíveis	43
	3.2. Benefícios no âmbito federal	44
	3.3. Benefícios no âmbito estadual	44
	3.4. Benefícios no âmbito municipal	44
	3.5. Outros benefícios já previstos	45
	3.6. Mais alguns aspectos relevantes	47
4.	Conclusões	47
Referências Bibliográficas		48

Capítulo III
INFRAESTRUTURA E ASPECTOS TRABALHISTAS. COMO CONTRATAR COM O MENOR RISCO
Ana Paula Assunção / Belisa Cavalcante / Germana Calda / Imaculada Gordiano / Irene Serenário

1.	Introdução	49
2.	Contrato de Trabalho	50
	2.1. Elementos essenciais do Contrato de Trabalho	51
	2.2. Distinção entre Contrato de Trabalho x Contrato de Prestação de Serviços	51
	2.2.1. Análise financeira e de risco nos contratos de trabalho e de prestação de serviços	52
3.	Fontes do Direito do Trabalho	54
	3.1. Princípio da Primazia da Realidade e da norma mais benéfica para o trabalhador	57
	3.1.1. Princípio da proteção	57
4.	Personalidade e capacidade das partes contratantes	58
	4.1. Tipos de contrato de trabalho	59
	4.1.1. Contrato de experiência	59
	4.1.2. Contrato por obra certa	60
	4.1.3. Contrato por temporada	61
	4.1.4. Contrato por tempo determinado	62
	4.1.5. Contrato de aprendizagem	62
	4.1.6. Contrato temporário	62
	4.1.7. Contrato de estágio	63
5.	Direitos e obrigações — empregado e empregador	64
	5.1. Remuneração	64
	5.2. Contrato de Trabalho	64

	5.3. Férias	66
	5.4. 13º Salário	67
	5.5. Fundo de Garantia do Tempo de Serviço — FGTS	67
6.	Cessação do contrato de trabalho	69
7.	Homologação da rescisão	72
8.	Estabilidade Provisória	73
9.	Da Segurança e Medicina do Trabalho	73
10.	Das cotas especiais obrigatórias	75
	10.1. Aprendizagem	75
	10.2. PCD'S	80
11.	Especificidades do contrato de trabalho de estrangeiro	83
12.	Visto temporário de trabalho (Resolução Normativa n. 74/2007 e 80/2008)	84

Capítulo IV

DEFESA DO CONSUMIDOR PARA EMPREENDEDORES ESTRANGEIROS

LEONARDO J. CARRION

Introdução		87
1.	Da colocação do problema: inconsistência no marco regulatório	89
2.	Fundamentos do Código de Defesa do Consumidor	90
3.	Risco jurídico do investidor	92
	3.1. Regulação da oferta de produtos e serviços	92
	3.1.1. Publicidade e propaganda	92
	3.1.2. Da publicidade ilícita	94
	3.1.3. Consequências da publicidade ilícita	94
	3.2. Regulação da comercialização de produtos e serviços	95
	3.2.1. Dever de informar	95
	3.2.2. Proteção contratual	95
	3.2.3. Da irrenunciabilidade de direitos	96
	3.2.4. Do equilíbrio contratual	96
	3.2.5. Da transparência	96
	3.2.6. Da interpretação favorável ao consumidor	96
	3.2.7. Da execução específica dos contratos de consumo	97
	3.3. Regulação do Pós-Venda	97
	3.3.1. Responsabilidade pelo fato do produto	97
	3.3.2. Excludentes da responsabilidade civil	98

3.4. Regulação da Cobrança de dívidas 98
    3.4.1. Ameaça.. 99
    3.4.2. Coação.. 99
    3.4.3. Constrangimento físico ou moral 99
    3.4.4. Emprego de afirmações falsas, incorretas ou enganosas.... 100
    3.4.5. Exposição do consumidor a ridículo................................. 100
    3.4.6. Interferir no trabalho, descanso ou lazer do consumidor... 100
4. Conclusão 101

Capítulo V
LEGISLAÇÃO PENAL BRASILEIRA. OBSERVAÇÕES IMPORTANTES AOS INVESTIDORES E ADMINISTRADORES
Jair Jaloreto / Fabricio Bertini

1. Ambiente atual 103
2. A responsabilização penal da Pessoa Jurídica 104
3. Crimes na Lei de Licitações 105
4. Ambiente empresarial — desconhecimento dos riscos.................... 107
5. Compliance e Segurança Empresarial 108
6. Concluindo 108

Parte Especial

Capítulo VI
MODELO INSTITUCIONAL DO SETOR ENERGÉTICO BRASILEIRO PARA NOVOS INVESTIDORES
Luiz Antonio Ugeda Sanches

1. As privatizações 111
2. O modelo elétrico.. 114
3. O setor de petróleo, gás e biocombustíveis...................................... 122
4. O pré-sal... 128
5. Conclusão 130

Capítulo VII
SANEAMENTO BÁSICO: MARCO REGULATÓRIO, REGULAÇÃO SETORIAL E OPORTUNIDADES DE NEGÓCIO
Rodrigo Mendonça Alvares da Silva

1. Histórico do federalismo cooperativo e da regulação dos serviços públicos no Brasil 133
2. A Lei n. 11.445/07 como marco regulatório do serviço de saneamento básico: princípios e regulação setorial.. 139

3. Gestão associada do serviço público de saneamento e os instrumentos jurídicos que materializam tal modelagem de gestão 144
    3.1. Dos consórcios públicos 146
    3.2. Das concessões 149
    3.3. Das Parcerias Público-Privadas 150
    3.4. Dos convênios de cooperação 151
4. Oportunidades na universalização do serviço público de saneamento, linhas de financiamentos e atuação dos organismos internacionais como fomentadores do setor 152
    4.1. IFC — Internacional Finance Corporation 153
    4.2. BNDES — Banco Nacional do Desenvolvimento Econômico e Social 154
    4.3. BID — Banco Interamericano de Desenvolvimento 155
    4.4. CEF — Caixa Econômica Federal 155
5. Conclusão 156
Referências Bibliográficas 157

Capítulo VIII
SANEAMENTO BÁSICO E CRÉDITOS DE CARBONO
Rafael Souza

1. Introdução 159
2. Créditos de carbono — das metas programáticas de redução do efeito estufa aos mecanismos de mercado 161
3. Saneamento básico e geração de créditos de carbono 168
4. Ciclo dos projetos de crédito de carbono 172
    4.1. Cenário pós 2012, com eventual não ratificação em termos semelhantes do Protocolo de Quioto 174
5. Conclusões 177
Referências Bibliográficas 177

Capítulo IX
MODELO INSTITUCIONAL DO SETOR DE TELECOMUNICAÇÕES BRASILEIRO PARA NOVOS INVESTIDORES
Ana Verena Souza

Introdução 179
1. Evolução do modelo brasileiro de telecomunicações 180
    1.1. O Monopólio Estatal 180
    1.2. Privatização do Setor 181

2.	Telecomunicações e investimento	183
	2.1. A convergência dos segmentos	184
	2.2. Plano Geral de Metas de Competição	186
	2.3. Investimento para os Eventos	188
3.	Conclusão	189
Referências Bibliográficas		190

Capítulo X

OPORTUNIDADES DE INVESTIMENTO EM TRANSPORTE TERRESTRE E AEROVIÁRIO

Daniel Gabrilli

1.	O serviço público de transporte terrestre	193
	1.1. Panorama geral	193
	1.2. Legislação aplicável	195
2.	Transporte Aeroviário	198
	2.1. A estrutura da aviação civil no Brasil	201
	2.2. O ingresso do setor privado nas atividades aeroportuárias	207
3.	Conclusão	209

Capítulo XI

PARCERIA PÚBLICO-PRIVADA — PPP NO BRASIL. OPORTUNIDADES PARA OS INVESTIDORES INTERNACIONAIS. O CASO DO TRANSPORTE MARÍTIMO.

Yuri Varella

1.	Introdução	211
2.	Histórico da Questão Portuária no Brasil	212
3.	Portos e infraestrutura	216
4.	Parceria Público-Privada — PPP	218
5.	Conclusão	221
Referências Bibliográficas		222

APRESENTAÇÃO — Coleção LEXNET

O sonho de alguns advogados visionários que possibilitou a criação de uma realidade: a rede social / jurídica mais consistente em atuação na América do Sul.

Um projeto ousado que conseguiu congregar escritórios de advocacia empresarial, para atuação integrada, levando o que há de melhor no Direito a vários clientes no território nacional e no exterior.

Atualmente com aproximadamente 300 advogados, a rede LEXNET é formada por vários escritórios, independentes entre si, mas unidos por iguais valores, localizados em importantes cidades distribuídas em todas as regiões do País.

A atuação em rede, fenômeno irreversível e símbolo do novo milênio, agregou de forma acentuada vantagens para aqueles que dela participam ativamente e que nela enxergam ferramentas úteis como diferencial competitivo.

É inegável a ampliação dos debates técnicos e das trocas de conhecimento entre os advogados membros, e, assim, se conseguiram constantes inovações na prática profissional dos escritórios LEXNET.

A nossa Coleção Jurídica, agora comemorando o lançamento de mais uma obra coletiva liderada e produzida por advogados da rede, é a confirmação daquilo que as publicações anteriores já demonstravam: a atuação integrada dos escritórios da rede possibilita a criação de conteúdo jurídico da mais alta qualidade, como o livro de questões atuais relativas ao Direito e seus impactos para os investidores em Infraestrutura, que agora se apresenta.

Abrangendo a temática de maneira contemporânea, o volume ora lançado tratará de forma prática sobre os vários aspectos ligados a investimento nos setores fundamentais da infraestrutura como Energia, Transportes, Saneamento e Meio Ambiente mostrando as características envolvidas nos campos do Direito Tributário e Trabalhista, apontando as precauções e cautelas importantes para um investimento seguro e demonstrando os limites da atuação do investidor, sua responsabilidade e as consequências advindas de atos ilícitos, compondo-se como publicação útil e de grande interesse para o empresariado.

A publicação do 4º livro da Coleção Jurídica LEXNET, pensada e desenvolvida pelos advogados da rede para informar e ampliar a visão dos clientes e dos profissionais de Direito em áreas dinâmicas, modernas e inovadoras concretiza o projeto de desenvolvimento, crescimento e consolidação da LEXNET como a rede de escritórios que oferece o mais denso e profundo acesso ao conhecimento jurídico disponível.

O valor que se agrega aos escritórios e à própria rede é inegável: estamos mostrando ao mundo jurídico que somos competentes, capazes, pró-ativos e conseguimos atender aos interesses da clientela com conhecimento científico forte e seguro. A consequência desta iniciativa é que, em breve, seremos citados em decisões judiciais; mencionados em trabalhos acadêmicos e assim, a cada momento, mais fortes.

Por isso, o orgulho de registrar, mais esta obra, a caminhada de um sonho.

Seremos, em breve, a maior organização de escritórios e advogados independentes, relacionados e estruturados para trabalho conjunto.

Esse é nossa vocação, da qual nos orgulhamos todos.

Aos leitores, nossos votos de proveito na leitura dos textos. Aos autores, os agradecimentos pelo tempo dedicado à obra. Aos escritórios os cumprimentos pela visão estratégica da importância da atuação em rede.

LUIZ EDUARDO VIDIGAL LOPES DA SILVA
Presidente do Conselho Administrativo
LEXNET — Law Firms Alliance

Conselheiros:
ANTENOR DEMETERCO NETO
ARTHUR PINTO DE LEMOS NETTO
BERNARDO LOPES PORTUGAL
EDUARDO SILVEIRA
EMILIA AZEVEDO
FLAVIO GUBERMAN
IMACULADA GORDIANO
LUCIA VIDIGAL ZIMMERMANN
PLINIO JOVEM RIBEIRO
RODRIGO ALVARES

PALAVRA DA COORDENADORA

Fornecer informações úteis ao empresário investidor em infraestrutura no Brasil é a proposta deste livro.

Escrito em linguagem acessível, sem perder a precisão jurídica, esta obra é um guia para os interessados em investir em áreas ligadas à infraestrutura.

Fruto de uma construção coletiva, o livro foi produzido por um conjunto de especialistas em diferentes segmentos nele abordados. Os autores são profissionais ligados à Lexnet, oriundos de várias cidades do Brasil (Fortaleza, Salvador, Porto Alegre, São Paulo, Aracaju, Vitória).

O grupo Lexnet, em discussões conjuntas sobre as principais carências atuais dos empresários e investidores nacionais e estrangeiros, concluiu que a demanda em questões jurídicas ligadas a investimentos de grande porte se colocará em breve, tendo em vista as necessidades do Brasil em ampliar sua infraestrutura frente a proximidade da Copa do Mundo e das Olimpíadas em nosso território e a deficiência do país neste quesito.

Decorrente dessa certeza, veio a decisão de produzir este livro de forma que ele atendesse a demanda identificada, apresentando aspectos jurídicos, alguns alertas e também questões práticas associadas concomitantemente ao direito e à infraestrutura.

Abrangente, a obra apresenta o marco legal de cada setor, assim como as diretrizes que devem ser consideradas nos aspectos trabalhistas e tributários consequentes da decisão de investir.

Na sua parte Geral, são apresentados ao leitor os tipos e as características de programas de financiamento do BNDES ao investidor e a legislação que conduz ao melhor planejamento tributário na hora de investir, além das formas de contratação com o menor risco.

Alertas ao investidor para questões que devem ser evitadas para não haver confronto com o nosso Código do Consumidor e os cuidados que devem ser tomados para não ser responsabilizado penalmente são temas abordados em capítulos da parte Geral do livro.

Na parte Especial, cada segmento ligado à infraestrutura tem um capítulo próprio no qual é tratado o seu marco regulatório. Essa parte inicia com um histórico recente mostrando as privatizações e programas governamentais modificadores do setor energético.

Ao capítulo inicial seguem-se os de Saneamento Básico, do Setor de Telecomunicações e suas mudanças; dos transportes terrestres, aeroviários e marítimos e os modelos de investimentos em cada uma destas áreas.

Ampliar a infraestrutura brasileira é uma urgência para derrubar o custo Brasil e melhorar a eficiência de sua economia como um todo. Este livro, ao enfocar o investidor e orientá-lo em alguns aspectos, pretende ser um instrumento que colabore com o sucesso em investir.

LUCIA VIDIGAL ZIMMERMANN

OS AUTORES

ANA PAULA ASSUNÇÃO

Advogada. Integrante do escritório Imaculada Gordiano Sociedade de Advogados, membro LEXNET com sede em Fortaleza/CE, Graduada em Direito pela Faculdade Metropolitana Unidas — FMU — São Paulo, Pós-graduanda em Direito Previdenciário pela Universidade de Fortaleza — UNIFOR, Coordenadora Trabalhista, responsável pelo atendimento da demanda de Direito do Trabalho na advocacia consultiva e preventiva na área empresarial; Negociações sindicais; Acordos extrajudiciais; Consultoria Administrativa no âmbito da SRTE — Superintendência Regional do Trabalho e Emprego. Atua na área de auditoria trabalhista geral e restrita e elaboração de pareceres.

anapaula@imgordiano.com.br

ANA VERENA GONZAGA SOUZA

Advogada. Coordenadora na área Cível-Telecom do escritório Machado Neto, Bolognesi, Azevedo e Falcão Consultores e Advogados, membro LEXNET com sede em Salvador/BA. Graduada em Direito pela UCSAL (Universidade Católica do Salvador — 2005). Pós-graduada em Direito Processual Civil pelo JusPodvm. Condutora do Núcleo de Negócios TELECOM do MBAF Consultores e Advogados.

verena@mbaf.com.br

BELISA CAVALCANTE

Advogada. Assistente, responsável pelo atendimento da demanda trabalhista do escritório Imaculada Gordiano Sociedade de Advogados, membro LEXNET com sede em Fortaleza/CE, Graduada em Direito pela FFB — Faculdade Farias Brito.

belisa.adv@imgordiano.net.br

DANIEL GABRILLI DE GODOY

Advogado. Sócio do escritório Vianna & Gabrilli Advogados, membro LEXNET como Especialista em Direito Administrativo. Master em Direito Privado Europeu. Especialista em Política Pública e Gestão Governamental. Atua nas áreas de Direito Administrativo e Europeu.

gabrilli@viannaegabrilli.com.br

DANIELA AUGUSTA SANTOS BRANDÃO

Advogada. Coordenadora do escritório Machado Neto, Bolognesi, Azevedo e Falcão Consultores e Advogados, membro LEXNET com sede em Salvador/BA. Bacharela em Direito pela Faculdade de Direito da Universidade Federal da Bahia — UFBA. Especialista em Direito Civil pela Universidade Salvador — UNIFACS.

Tributarista em Planejamento Tributário pelo Instituto Brasileiro de Planejamento Tributário — IBPT. Pós-graduanda em Direito Tributário pelo Instituto Brasileiro de Estudos Tributários — IBET. Atua nas áreas tributária, cível empresarial, bancária e imobiliária.

danielabrandao@mbaf.com.br

FABRÍCIO BERTINI

Advogado. Integrante do escritório Portela, Campos Bicudo e Jaloreto Advogados, membro LEXNET como Especialista em Direito Penal Empresarial. Graduado em Direito — Universidade Paulista. Atua na área de Direito Penal Econômico.

fabricio.bertini@terra.com.br

GERMANA CALDA

Advogada. Coordenadora Trabalhista do escritório Imaculada Gordiano Sociedade de Advogados, membro LEXNET com sede em Fortaleza/CE, Graduada em Direito pela Fundação Universidade Federal de Rondônia — UNIR, responsável pelo atendimento da demanda de Direito do Trabalho na advocacia consultiva e preventiva na área empresarial; Negociações sindicais; Acordos extrajudiciais; Consultoria Administrativa no âmbito da SRTE — Superintendência Regional do Trabalho e Emprego. Atua na área de auditoria trabalhista geral e restrita e elaboração de pareceres.

germana@imgordiano.com.br

GUSTAVO ZIMMERMANN

Economista. Mestre e Doutor em Economia pelo Instituto de Economia da Unicamp. Professor do Instituto de Economia da Unicamp. Pesquisador do Núcleo de Economia Social, Urbana e Regional do IE/Unicamp. Consultor da LEXNET Ltda.

gzimmermann@eco.unicamp.br

IGOR AZEVEDO SILVA ALMEIDA

Advogado. Coordenador do escritório Machado Neto, Bolognesi, Azevedo e Falcão Consultores e Advogados, membro LEXNET com sede em Salvador/BA. Bacharel em Direito pela Faculdade de Direito Instituto de Educação Superior — UNYAHNA. Especialista em Direito Tributário pelo JUSPODIVM, instituição filiada ao LFG. Atua nas áreas consumidor, cível empresarial.

igor@mbaf.com.br

IMACULADA GORDIANO ZARPELON

Advogada. Sócia fundadora do escritório Imaculada Gordiano Soc. de Advogados, membro LEXNET com sede em Fortaleza/CE, Graduada em Direito pela Universidade de Fortaleza — UNIFOR, Pós-graduada em Direito Empresarial pela Pontifícia Universidade Católica — PUC de São Paulo, Pós-graduada em Direito do Trabalho e Direito Processual Trabalhista pela Faculdade Christus;

imaculada@imgordiano.com.br

IRENE SERENÁRIO

Advogada. Assistente, responsável pelo atendimento da demanda civil do escritório Imaculada Gordiano Sociedade de Advogados, membro LEXNET com sede em Fortaleza/CE, Graduada em Direito pela FFB — Faculdade Farias Brito. Graduada em Administração pela Universidade Estadual do Ceará — UECE e Pós-graduada em Auditoria Interna pela Universidade Federal do Ceará — UFC.

irene.flavia@imgordiano.net.br

JAIR JALORETO

Advogado Penalista, sócio do escritório Portela, Campos Bicudo e Jaloreto Advogados, membro LEXNET como Especialista em Direito Penal Empresarial. Especialista em Direito Penal Econômico Internacional pelo Instituto de Direito Penal Econômico e Europeu da Universidade de Coimbra. Especialista em Direito Penal Empresarial pela FGV. Membro do Instituto Brasileiro de Ciências Criminais — IBCCRIM, da "Association Internationale de Droit Pénal" — AIDP, da International Bar Association — IBA, e da Interamerican Bar Association — IABA. Comentarista e articulista em matéria de legislação criminal de jornais e revistas de circulação regional e nacional. Consultor jurídico de diversos Escritórios de Advocacia em todo o território nacional que, por vocação, não exercem suas atividades na esfera do Direito Penal. Atua na área de Direito Penal Econômico, que trata das lides criminais afetas à atividade empresarial sendo especialista em Fraudes Corporativas, em todos os seus aspectos.

jaloreto@jaloreto.com.br

LEONARDO JANNONE CARRION

Advogado. Sócio do escritório Carrion Advogados, membro LEXNET com sede em Porto Alegre/RS, Universidade Federal do Rio Grande do Sul, MBA Fundação Getúlio Vargas. Atua na área do Direito Empresarial.

leonardo@carrion.com.br

LUIZ ANTONIO UGEDA SANCHES

Advogado e geógrafo. Doutorando em Geografia pela Universidade de Brasília (UnB), sendo Mestre em Direito e em Geografia, ambos pela Pontifícia Universidade Católica de São Paulo (PUC/SP). Atualmente é Presidente do Instituto Geodireito (IGD), tendo sido Diretor Jurídico da Associação Brasileira de Concessionárias de Energia Elétrica (ABCE) e do Sindicato da Indústria de Energia do Estado de São Paulo (SIESP). Atua na área de energia (elétrica, petróleo e gás) e em geotecnologias.

las@ugedasanches.com.br

LUCIA WHITAKER VIDIGAL ZIMMERMANN

Advogada pela PUC/SP, Economista pela USP/SP; Especialização na Faculdade de Eonomia USP em Teoria do Desenvolvimento, Bancos de Desenvolvimento. Economia Agrícola; Economia Agrária; Economia da Alimentação. Atualmente é diretora executiva da LEXNET e diretora Financeira da GEESE.

lucia.z@lex-net.com

MATEUS VIEIRA COSTA

Graduado em Economia pela Unicamp. Pós-graduando em Gestão Tributária pela INPG Business School. Mestrando em Economia pela Ufscar — Sorocaba. Cursos complementares na Technical University of Denmark — DTU. Pós-graduando em Gestão Tributária pela INPG Business School. Coordenador tributário em empresa do setor de logística.

mateus.costa@gmail.com

RAFAEL PEREIRA DE SOUZA

Advogado, integrante do escritório Imaculada Gordiano Advogados Associados, membro LEXNET com sede em Fortaleza/CE. Especialista em Gestão Tributária pela Universidade Estadual do Ceará, e especialista em Auditoria Contábil pela Universidade de Fortaleza.

rafael@imgordiano.com.br

RODRIGO MENDONÇA ÁLVARES DA SILVA

Advogado. Sócio do escritório Bispo, Vieira, Porto, Baldo & Álvares, membro LEXNET com sede em Aracajú/SE. Doutorando em Direito Civil pela Universidade Nacional de Buenos Aires — UBA. Atua na área de Direito Público.

rodrigo@bvpba.com.br

YURI VARELLA

Advogado. Sócio do escritório Varella Advogados e Associados, membro LEXNET com sede em Vitória — ES. Especialista em Direito Empresarial FDV/ES, Environment clinic Research Harvard 2007. Presidente do Instituto Civitas dos Direitos da Cidadania. Atua nas áreas de Direito Civil, Empresarial, Ambiental e Marítimo.

yuri@varellaadvogados.com.br

PARTE GERAL

CAPÍTULO I
O FINANCIAMENTO À INFRAESTRUTURA E O BANCO NACIONAL DE DESENVOLVIMENTO ECONÔMICO E SOCIAL

GUSTAVO ZIMMERMANN
MATEUS VIEIRA COSTA

Sumário: *1. Palavras iniciais; 2. Mecanismos de apoio financeiro; 3. Finem infraestrutura; 4. Project Finance; 5. Outras fontes de financiamento; 6. Fluxo e prazos para tramitação e elaboração de projetos; 7. Considerações finais*

1. PALAVRAS INICIAIS

Este capítulo, ao tratar o financiamento da infraestrutura no Brasil, se restringe às formas de apoio oferecidas pelo Banco Nacional de Desenvolvimento Econômico e Social — BNDES, por ser ele a maior fonte de recursos, externa às empresas para essa finalidade no Brasil e, incontestavelmente, a de menores custos para os demandantes de recursos[1].

Segundo Ana Claudia Além, na média dos anos entre 2001 e 2009, as maiores fontes de recursos para o financiamento do investimento na indústria e na infraestrutura foram os lucros retidos das próprias empresas e o BNDES, com 49,3% e 23,4% respectivamente. As captações no exterior, as debêntures e as ações responderam, na ordem, por 14,4%, 8,6% e 4,3%[2].

---

1 As informações aqui disponibilizadas são uma compilação resumida das disponíveis em diversas seções do sítio do banco (www.bndes.gov.br) e objetivam juntar, às informações jurídicas dos demais capítulos, informações financeiras básicas e ao mesmo tempo servir de guia para os interessados em mais detalhes e particularidades.

2 ALÉM, Ana Cláudia; GIAMBIAGI, Fabio. *O BNDES em um Brasil em transição*. Rio de Janeiro: BNDES, 2010. p. 63.

O BNDES investe em empreendimentos de organizações e de pessoas físicas segundo critérios que priorizam o desenvolvimento com inclusão social, criação de emprego e renda e geração de divisas. Por conseguinte, apoiar as Micro, Pequenas e Médias Empresas — MPME e os trabalhadores autônomos, é uma das prioridades do BNDES. Para efeitos de concessão de financiamento, são consideradas MPMEs as empresas cuja receita operacional bruta anual ou anualizada seja inferior ou igual a R$ 90 milhões.[3]

Seus investimentos podem se dar por meio de financiamentos, de recursos não reembolsáveis e de subscrição de valores mobiliários.

Podem solicitar o financiamento empresas sediadas no Brasil, pessoas físicas domiciliadas e residentes no País e entes da administração direta ou indireta, das esferas Federal, Estadual, Municipal e do Distrito Federal.

Qualquer solicitante para pleitear financiamento deve atender aos seguintes requisitos mínimos:

a) Estar em dia com obrigações fiscais, tributárias e sociais;

b) Apresentar cadastro satisfatório;

c) Ter capacidade de pagamento;

d) Dispor de garantias suficientes para cobertura do risco da operação;

e) Não estar em regime de recuperação de crédito;

f) Atender à legislação relativa à importação, no caso de financiamento para a importação de máquinas e equipamentos; e

g) Cumprir a legislação ambiental.

Adicionalmente, deve se enquadrar em uma das seguintes características:

a) Pessoa jurídica de Direito Privado, sediada no Brasil, cujo controle efetivo seja exercido, direta ou indiretamente, por pessoa física ou grupo de pessoas físicas, domiciliadas e residentes no Brasil, e nas quais o poder de decisão esteja assegurado, em instância final, à

---

3   São inúmeras as possibilidades de apoio financeiro para as MPMEs e trabalhadores autônomos descritas no sítio do BNDES.

maioria do capital votante representado pela participação societária nacional;

b) Pessoa jurídica de Direito Privado, sediada no Brasil, cujo controle seja exercido, direta ou indiretamente, por pessoa física ou jurídica domiciliada no exterior, desde que, na forma da legislação vigente, o BNDES disponha de recursos captados no exterior ou o Poder Executivo autorize a concessão de colaboração financeira;

c) Empresário individual, desde que exerça atividade produtiva e que esteja inscrito no Registro Público de Empresas Mercantis e no Cadastro Nacional de Pessoas Jurídicas — CNPJ.

2. Mecanismos de apoio financeiro

Nos parágrafos desta seção, são apresentados os principais mecanismos de apoio ao financiamento de longo prazo do BNDES aos setores de energia, petróleo e gás, logística e telecomunicações.

O rol de possibilidades é extenso e as diversas formas de aporte de recursos em infraestrutura podem sofrer combinações para atender às especificidades de cada projeto. Bastante sintética e didaticamente, os mecanismos de apoio assumem a forma de produtos, programas e fundos. Os produtos, concebidos como mecanismos de crédito de longo prazo, são divididos em linhas de financiamento e seguem as condições e regras propostas para cada subtipo conforme listado abaixo:

a) **BNDES Finem**: destinado a projetos de investimento de valor superior a R$ 10 milhões.

b) **BNDES Automático**: destinado a projetos de investimento de valor até R$ 10 milhões.

c) **BNDES Finame**: destinado para a produção e aquisição de máquinas e equipamentos novos.

d) **BNDES Finame Agrícola**: destinado à produção e aquisição de máquinas e equipamentos novos, destinados ao setor agropecuário.

e) **BNDES Finame Leasing**: destinado à aquisição isolada de máquinas e equipamentos novos, **de fabricação nacional**, destinados a operações de arrendamento mercantil.

f) **BNDES Exim**: destinado tanto à produção e exportação de bens e serviços quanto à comercialização destes no exterior.

g) **BNDES Limite de Crédito**: crédito rotativo para o apoio a empresas ou Grupos Econômicos já clientes do BNDES e com baixo risco de crédito.

h) **BNDES Empréstimo-Ponte**: destinado a um projeto, concedido em casos específicos, para agilizar a realização de investimentos por meio da concessão de recursos no período de estruturação da operação de longo prazo.

i) **BNDES *Project Finance*:** engenharia financeira suportada contratualmente pelo fluxo de caixa de um projeto, servindo como garantia os ativos e recebíveis desse mesmo empreendimento.

j) **BNDES Fianças e Avais**: prestação de fianças e avais com o objetivo de diminuir o nível de participação nos projetos. Utilizado, preferencialmente, quando a combinação de formas alternativas de *funding* permitir a viabilização de operações de grande porte.

k) **Cartão BNDES**: crédito rotativo pré-aprovado, destinado a micro, pequenas e médias empresas e usado para a aquisição de bens e insumos.

Os programas têm caráter temporário e possuem destinação específica para uma atividade econômica. Dentre estes se destacam os voltados para áreas estratégicas de infraestrutura e, por suas grandes relevâncias, o programa **BNDES P&G** de apoio ao setor de petróleo e gás natural e o Programa **BNDES PAC** de Financiamento ao Programa de Aceleração do Crescimento.

Por último, como produto concebido para o financiamento de crédito de longo prazo têm-se os fundos administrados pelo BNDES. Estes fundos também possuem destinação específica como é o caso, por exemplo, do **Fundo da Marinha Mercante — FMM**, voltado ao financiamento a estaleiros tanto para a implementação de projetos de construção e reparo de navios para as empresas nacionais de navegação quanto para a aquisição de navios novos prontos junto aos estaleiros.

O apoio ao investimento poderá ser realizado diretamente com o BNDES (apoio direto) ou intermediado por instituições financeiras cadastradas (apoio indireto) ou, ainda, de forma mista combinando os dois tipos.

Em 2010, os contratos na área de infraestrutura (operações diretas) somaram cerca de R$ 11,26 bilhões, com destaque para os financiamentos de duas grandes concessionárias de rodovias: Autopista Regis Bittencourt S/A (R$ 1,07 bilhões) e Concessionária Rota das Bandeiras S/A (R$ 1,08 bilhões).

Com relação às operações indiretas da área de infraestrutura, os desembolsos totalizaram R$1,13 bilhões, com destaque para os quase R$ 267 milhões invertidos na CPFL Comercialização do Brasil S/A. Este projeto abrangia: a) a implantação de unidades de cogeração de energia alimentadas por bagaço de cana; b) a implantação de usina termelétrica com capacidade de 40 MW movida a biomassa de cana-de-açúcar; c) subestação de energia; e d) sistema de transmissão e interligação com a rede elétrica existente no município de Baia Formosa (RN) e a instalação de uma subestação do sistema de transmissão no município de Nova Independência no mesmo Estado.

Ainda com relação às operações indiretas da área de infraestrutura em 2010, somaram-se os empréstimos efetuados às micro, pequenas e médias empresas e as vultosas quantias liberadas ao setor público (União, Estados e municípios).

3. FINEM INFRAESTRUTURA

A infraestrutura recebe especial atenção do BNDES e seus expressivos investimentos na área refletem a importância do desenvolvimento dela para o País e o andamento das ações relacionadas ao PAC. O banco considera a solução dos problemas infraestruturais condição necessária para a melhoria do bem-estar da população, por propiciar acesso a serviços básicos como energia elétrica, comunicações, transportes urbanos e saneamento.

Ao privilegiar o desenvolvimento da infraestrutura, o BNDES busca também a ampliação e o aprimoramento da qualidade dos bens e serviços voltados para a estrutura produtiva com a consequente redução de custos e aumento da produtividade nacional e o aumento da integração regional.

Como principais mecanismos de apoio a estes investimentos o Banco lança mão de: financiamentos de longo prazo, subscrições de valores mobiliários, ou prestações de garantia.

A critério do Banco, um projeto de investimento pode se beneficiar de uma combinação de mecanismos de apoio ou de diferentes produtos, de acordo com o segmento, com a finalidade ou com os itens do empreendimento a ser apoiado. A atuação do BNDES no apoio ao setor de infraestrutura, no âmbito do Finem, **para valores superiores a R$ 10 milhões**, se divide em cinco grandes segmentos:

a) **Energia Elétrica** — Apoio à expansão e à modernização do setor, de forma a garantir o suprimento de energia elétrica com qualidade, segurança e tarifas mais baixas e o incremento das fontes alternativas de energia.

b) **Energias Alternativas** — Apoio a projetos de bioeletricidade, biodiesel, bioetanol, energia eólica, energia solar, pequenas centrais hidrelétricas e outras energias alternativas.

c) **Petróleo e Gás Natural** — Apoio a projetos que visem ao aumento da produção nacional, de modo a assegurar a oferta de combustíveis no mercado doméstico, contribuindo para o desenvolvimento do mercado, inclusive em atividades em novas fronteiras exploratórias de gás natural, na promoção de biocombustíveis e na diversificação da matriz energética. O apoio também se estende a investimentos que contribuam para o desenvolvimento de toda a cadeia produtiva do setor de petróleo e gás.

d) **Logística** — Apoio a investimentos na infraestrutura logística e de transportes rodoviário, ferroviário, portuário e aéreo. Estão ativas linhas de apoio específicas a projetos que buscam solucionar gargalos logísticos de contornos de cidades e acessos a portos e de transporte ferroviário de cargas nas regiões Norte e Nordeste.

e) **Telecomunicações** — Apoio a investimentos em obras, instalações, serviços e equipamentos, com o objetivo de: a) estimular a demanda por equipamentos e *software* fornecidos pela indústria local; b) fomentar o desenvolvimento tecnológico no País; e c) promover a universalização dos serviços de telecomunicações.

4. PROJECT FINANCE

Modelo mais indicado para grandes projetos de investimento, *o Project Finance* é uma engenharia (estruturação) financeira cujo objetivo é aumentar as chances de sucesso dos projetos de investimento por meio da criação de uma empresa de propósito específico (*Special Purpose Company*). Ao criar uma empresa desta natureza, o que se busca é diminuir o risco geral de um empreendimento separando o risco inerente a uma companhia do risco de um projeto específico.

A mitigação do risco envolve a estruturação dos fluxos financeiros e a utilização de diversos instrumentos para que os fluxos sejam suficientes para saldarem e cobrirem todas as exigibilidades do financiamento e os fluxos operacionais. Este tipo de financiamento é bastante vantajoso em projetos de infraestrutura, exatamente por isolar o risco existente nos grandes projetos e a previsibilidade do fluxo de receitas.

Para o BNDES, um *Special Project Finance* tem que possuir as seguintes características[4]:

a) Ser uma Sociedade por Ações com o propósito específico de implementar o projeto financiado e segregar os fluxos de caixa, patrimônio e riscos do projeto;

b) Os fluxos de caixa esperados do projeto devem ser suficientes para saldar os financiamentos;

c) As receitas futuras do projeto devem ser vinculadas, ou cedidas, em favor dos financiadores;

d) O Índice de Cobertura do Serviço da Dívida (ICSD) projetado para cada ano da fase operacional do projeto deve ser de, no mínimo, 1,3. Excepcionalmente, para os projetos com Taxa Interna de Retorno (TIR) mínima real de 8% a.a. a taxa poderá ser de, no mínimo, 1,2.

e) O capital próprio dos acionistas deve ser de, no mínimo, 20% do investimento total do projeto, excluindo-se, para efeito desse cálculo, eventuais participações societárias da BNDESPAR. A critério do BNDES, a geração de caixa do projeto poderá ser considerada como parte do capital próprio dos acionistas; e

---

4 Disponível em:<http://www.bndes.gov.br/SiteBNDES/bndes/bndes_pt/Institucional/Apoio_Financeiro/Produtos/Project_Finance/index.html>. Acesso em: set. 2011.

f) Os contratos da operação devem vedar a concessão de mútuos do cliente aos acionistas e ainda estabelecer condições e restrições aos demais pagamentos efetuados pelo cliente a seus acionistas, a qualquer título.

Para efetivação do empréstimo são exigidas garantias pré-operacionais, ou seja, na fase de implantação do projeto, garantias operacionais e garantias reais (passíveis de dispensa). E a solicitação deverá ser encaminhada diretamente ao BNDES ou por intermédio da instituição financeira cadastrada, mediante o preenchimento da consulta prévia que seguirá os trâmites e fluxos internos do Banco.

5. Outras fontes de financiamento

5.1. BNDES Automático

O BNDES automático é um financiamento realizado mediante da intermediação das instituições financeiras credenciadas para projetos com valores limites de R$ 10 milhões. Essa modalidade, também, subdivide-se em linhas de financiamento, sendo que as condições e prazos são específicas para cada modalidade a seguir:

a) MPME — Investimento

b) Capacidade Produtiva Investimento

c) Capacidade Produtiva Investimento Indústria de Bens de Capital

d) Capacidade Produtiva Bens de Capital

e) Concorrência Internacional

f) Capacidade Produtiva Importação

g) Capital de Giro Associado

De menor valor, porém não menos importante, as modalidades citadas atuam em empreendimentos de implantação, ampliação e modernização de ativos e em projetos de meio ambiente e inovação.

5.2. BNDES Empréstimo Ponte

O empréstimo ponte pode ser considerado um adiantamento realizado pelo BNDES e sua concessão somente é admitida para operações associadas ao BNDES Finem. O objetivo dessa modalidade é, segundo o BNDES, "agilizar a realização de investimentos por meio da concessão de recursos no período de estruturação da operação de longo prazo"[5].

A forma de apoio pode ser direta ou indireta, sendo a primeira remunerada pelo custo financeiro (igual ao custo financeiro da linha que originou o financiamento acrescido de 1%), mais a remuneração básica do Banco mais a taxa de risco de crédito (até 3,57% a.a.). Para o apoio indireto deverá ser acrescido a taxa de intermediação financeira (isenta para micro, médias e pequenas empresas) e remuneração da instituição financeira credenciada.

5.3. BNDES Fianças e Avais

Destinado a empresas privadas com sede no Brasil, e controladas por pessoa física domiciliada e residente no País, o BNDES fianças e avais tem o objetivo de reduzir o percentual de participação nos projetos e podem ser na modalidade de prestação de fiança e aval a financiamento interno ou externo, ou prestação de garantia bancária em operações de comércio exterior (*performance bond*);

A participação dos recursos do Banco é limitada a 1/3 do valor de cada operação e os encargos se decompõem em comissão de prestação de garantia (1% incidente sobre o valor do crédito) e comissão de administração de garantia prestada (baseada na taxa de risco de crédito nas operações diretas, limitado a 3,57% a.a.).

6. Fluxo e prazos para tramitação e elaboração de projetos

Todas as formas de apoio ao investimento seguem fluxos e prazos internos predeterminados até a aprovação final e a execução do projeto. O

---

5   <www.bndes.gov.br>.

primeiro passo para se obter o empréstimo junto ao BNDES é a elaboração da **consulta prévia**, que deve ser encaminhada à área de planejamento do Banco no Departamento de Prioridades.

Essa consulta deve detalhar todas as informações da empresa, do projeto e das garantias previstas, conforme descritas no sítio do BNDES[6] e, entre outras informações, deve incluir os documentos cadastrais (CNPJ, endereço, contatos etc.), uma caracterização da empresa e do grupo econômico, o detalhamento do controle de capital e um breve histórico contendo dados da produção da empresa, de seu mercado de atuação e de suas estratégias corporativas.

São solicitados, ainda, dados econômico-financeiros tais como ativos totais, patrimônio líquido, dívida líquida, receita operacional (bruta e líquida), EBITDA, lucro líquido, e outros julgados pertinentes durante a análise do pleito.

Ainda na etapa da consulta prévia, os objetivos, metas e fundamentação do projeto devem ser descritos, apresentando as principais justificativas, ganhos de qualidade e produtividade, bem como os prazos a serem obedecidos, a quantidade de empregos diretos e indiretos gerados, impactos sociais e a disponibilidade de insumos. O pleiteante deverá, adicionalmente, completar o quadro de usos e fontes, com a subdivisão de investimentos financiáveis (estudos e projetos, obras civis, montagens e instalações, móveis e utensílios, treinamento, despesas pré-operacionais, máquinas e equipamentos e capital de giro) e investimentos não financiáveis (máquinas e equipamentos importados, por exemplo).

O Departamento de Prioridades do BNDES é o setor responsável pela verificação da adequação da solicitação, baseando-se nas diretrizes operacionais definidas. Porém, a consulta prévia também é encaminhada às áreas de crédito e operacional do setor da infraestrutura a que se refere.

Caso, nesta etapa, a empresa não apresente todas as informações exigidas, a consulta é registrada como carta de intenção e cancelada posteriormente, caso não sejam apresentadas, em tempo hábil, as informações faltantes.

---

6 <www.bndes.gov.br>.

Concluída a apreciação da consulta prévia pelo Departamento de Prioridades, devidamente amparado pela área operacional específica, o projeto passará para fase de enquadramento, para a avaliação da capacidade da empresa em executá-lo tendo em conta os aspectos gerenciais, o acolhimento às normas ambientais e a classificação de risco.

Esta última avaliação é realizada pela área de crédito do Banco de acordo com as demonstrações econômico-financeiras apresentadas na fase anterior. Esta análise é, posteriormente, enviada ao Comitê de Enquadramento e Crédito, que aprova ou não a solicitação (em caso negativo a secretaria do comitê enviará uma carta ao solicitante comunicando a decisão).

Ratificada a decisão do Departamento de Prioridades pelo Comitê de Enquadramento e Crédito, a empresa solicitante recebe a carta de enquadramento e passa a negociar e estruturar a operação com a área operacional do BNDES que, sob a orientação da chefia do departamento preparará toda a documentação seguindo o roteiro de informações para a apresentação do projeto[7].

O documento de apresentação do projeto segue em parte o mesmo desenho da consulta prévia e exige informações do grupo (caso seja pertinente) e da empresa solicitante (os principais aspectos organizacionais: as unidades de negócios e as regiões de atuação) e gerenciais (programas de qualidade, autonomia em relação a *holding*, se a administração é centralizada ou descentralizada, se é familiar ou profissional etc.).

No processo de apresentação do projeto, tem bastante importância a questão ambiental, pois deverão ser discriminadas as políticas ambientais adotadas pela empresa (inclusive a existência de indicadores de monitoramento ambiental) e a existência de passivos ambientais.

Apesar de as considerações supracitadas serem de extrema relevância para a apresentação do plano de investimento, o ponto nevrálgico desse processo está na apresentação e formatação do próprio projeto. Ele deve se iniciar na exposição dos objetivos e abarcar: a) metas e fins a serem atingidos; b) meios de realização; c) localização; d) prazos, e resultados esperados (especificando as possíveis melhorias); e) anexo orçamentário

---

7 No caso de operações indiretas, realizadas por meio de instituições financeiras a carta será enviada à instituição responsável pela consulta.

do investimento e o quadro de usos e fontes. Por fim, deixar novamente claros os impactos socioeconômicos e ambientais (explicitando, se necessário, ações preventivas e/ou mitigadoras).

Todo o processo deverá ser apresentado em até 60 dias após a comunicação do deferimento da consulta prévia, não podendo a empresa deixar de lado importantes aspectos jurídicos (disponíveis, também, no roteiro de informações para a apresentação do projeto)[8], nos quais deverão ser comprovadas a regularidade ambiental, a indicação dos bens oferecidos em garantia à operação, a cópia dos contratos de Transferência de Tecnologia, as certidões negativas de regularidade fiscal (inclusive das esferas estadual e municipal), as certidões de todos os distribuidores da comarca do domicílio da empresa e da comarca onde estão localizados os bens oferecidos em garantia, abrangendo os últimos 20 anos e as certidões de todos os cartórios de protestos de títulos do domicílio da empresa e da comarca onde estão localizados os bens oferecidos em garantia, abrangendo os últimos 5 anos.

Após a apresentação do projeto, o diretor da área operacional do BNDES contará com um prazo de 60 dias[9] para analisá-lo e submeter sua decisão à apreciação da diretoria do Banco que, em caso de aprovação, encaminhará a reposta do deferimento e as condições para contratação ao interessado.

> *"A contratação da operação deve ser realizada no prazo de até 60 dias, contado a partir da data da comunicação da decisão aprobatória, prorrogável por até 120 dias, a critério do BNDES. No caso de operação indireta, a instituição financeira credenciada deverá firmar o instrumento contratual nesse mesmo prazo. Decorrido o prazo de 180 dias sem que tenha havido a contratação, a operação deverá ser cancelada."*

Após a área operacional elaborar o instrumento contratual, é efetivado a liberação de recursos que ocorrerá em etapas, as quais serão acompanhadas e avalizadas para efeitos de liberação de recursos das etapas posteriores. Findado o projeto, é elaborado o relatório de conclusão do projeto, permanecendo o acompanhamento financeiro (amortização dos empréstimos).

---

8   Ver: <http://www.bndes.gov.br/SiteBNDES/bndes/bndes_pt/Ferramentas_e_Normas/Roteiros_e_Manuais/analise.html>.
9   Prorrogáveis por uma ou mais vezes, sendo que o prazo limite de 210 dias, contados a partir da comunicação do enquadramento, deverá ser respeitado.

7. Considerações finais

O objetivo deste capítulo, conforme destacado no seu início, não foi o de esgotar o assunto, mas o de facilitar, aos leitores interessados nos aspectos jurídicos dos empreendimentos infraestruturais no Brasil, as inúmeras formas de apoio financeiro possibilitadas pelo BNDES, seguramente a maior, menos onerosa e mais profícua fonte de recursos para o setor.

O capítulo também serve de guia às consultas ao sítio do BNDES para os leitores mais interessados em maiores e mais detalhadas informações.

Por último, como os investimentos em infraestrutura econômica — energia (petróleo e energia elétrica), telecomunicações e transportes (rodoviário, ferroviário e portuário) são determinantes para o ritmo do crescimento sustentado das economias em geral e da brasileira em especial, o BNDES tem cumprido crescentemente o papel de supridor complementar de recursos financeiros.

Esse papel decorre do ainda baixo nível do investimento em infraestrutura no Brasil. Entre 2006 e 2009, o País investiu no setor 2,1% do PIB, contudo, estudo do Banco Mundial mostra a necessidade de manter uma taxa de investimento de pelo menos 3% do PIB, sem considerar que, caso quiséssemos chegar, dentro de duas décadas, aos padrões dos países industrializados do Leste Asiático, a taxa de investimento requerida ficaria entre 5% e 7%.

Cabe salientar, frente aos números acima e aos desafios que estes representam, que deve ser inexorável a continuidade do papel e da relevância do BNDES no apoio ao financiamento da infraestrutura no Brasil.

Como resultado, o papel do BNDES como financiador da infraestrutura deve se acentuar e a taxa de investimento em infraestrutura alcançar níveis entre 2,5% e 3% do PIB, nos próximos anos. Trata-se de transição dos cerca de 2% do PIB investidos no passado recente para níveis que permitam ao Brasil chegar ao grau de investimento indicado pelo Banco Mundial.

CAPÍTULO II
INFRAESTRUTURA E ASPECTOS TRIBUTÁRIOS. COMO EFETIVAR PLANEJAMENTO PARA IMPLEMENTAR AS OBRAS

DANIELA AUGUSTA SANTOS BRANDÃO
IGOR AZEVEDO SILVA ALMEIDA

Sumário: 1. Introdução. 2. Sistema Tributário Nacional. 2.1. Modalidades de Tributos. 2.2. Obrigações Acessórias. 2.3. Responsabilidade pelo Pagamento do Tributo. 2.4. Estabilidade Tributária. 2.4.1. Princípio da Legalidade. 2.4.2. Princípio da Anterioridade. 2.4.3. Princípio da Irretroatividade. 2.5. Isenção. 3. Planejamento é a Melhor Opção. 3.1. Planejar de Forma Legal e Segura a partir dos Benefícios Disponíveis. 3.2. Benefícios no Âmbito Federal. 3.3. Benefícios no Âmbito Estadual. 3.4. Benefícios no Âmbito Municipal. 3.5. Outros Benefícios já Previstos. 3.6. Mais Alguns Aspectos Gerais Relevantes. 4. Conclusões.

1. INTRODUÇÃO

O presente trabalho examinará, de forma introdutória e breve, o sistema tributário brasileiro, a fim de que seja conferida uma visão geral sobre ele, a partir da enunciação das diversas espécies tributárias, dos possíveis contribuintes, dos tipos de obrigações a que estão sujeitos, além de aspectos sobre a responsabilização pelo pagamento dos tributos.

Serão abordados, ainda, alguns aspectos que costumam ensejar autuações, como alerta para os investidores e empresários e sugestão para que sejam evitados os processos judiciais e administrativos, além de ser enunciada a importante possibilidade de utilização do planejamento tributário para o desempenho das atividades empresariais.

Em seguida, na parte mais específica do texto, serão enunciadas as atividades passíveis de investimentos, com foco principal naquelas referidas nos projetos de lei de isenções previstas para os eventos da Copa do Mundo e Olimpíadas, ressaltando alguns aspectos cujo conhecimento se mostra interessante para os potenciais investidores.

Por fim, na conclusão, volta-se a demonstrar o ambiente propício a negócios, sugerindo, contudo, a necessidade de atuação dos investidores sempre de forma assessorada, mediante apoio de consultoria especializada, em razão das peculiaridades do sistema tributário brasileiro. Afinal, as particularidades fiscais do País, quando acompanhadas por assessoramento e consultoria especializada, não representam desestímulo aos investimentos; pelo contrário, permitem competitividade e incremento da atividade pela viabilização de maiores lucros.

2. Sistema Tributário Nacional

Antes de abordar diretamente a questão dos benefícios tributários que serão concedidos aos investidores em razão da Copa do Mundo de Futebol de 2014 e das Olimpíadas de 2016 é válido, para elaborar um bom planejamento, entender alguns pontos que compõem a base da organização tributária brasileira.

Esse sistema, limitado pela legalidade, possui alicerces fincados na Constituição Federal, do qual se extraem as espécies de tributos e os fatos tributáveis.

Assim, como não está prevista uma grande reforma na Carta Maior e não é permitido ao legislador infraconstitucional criar novas espécies de tributos, compreender cada um dos já existentes, bem como os seus respectivos fatos geradores, é imprescindível para quem pretende se preparar para se valer da possibilidade de incidência de uma menor carga tributária para os seus investimentos.

2.1. Modalidades de tributos

O Sistema Tributário Brasileiro é composto pelas 5 espécies de tributos descriminadas no quadro abaixo, dependendo a incidência, de um ou de outro, da concretização do fato definido na Constituição Federal como originário da obrigação tributária, o chamado Fato Gerador.

Vale ressaltar, contudo, que a Carta Maior tão somente atribui poder a União, Estados, Municípios e Distrito Federal para criar os tributos, sendo imprescindível, à sua instituição, a criação de uma lei específica na qual devem restar descritos todos os elementos que o compõem, a saber: o fato gerador; a alíquota; a base de cálculo; o sujeito passivo (o contribuinte, alvo do tributo); a multa e as hipóteses de exclusão, suspensão e extinção de créditos tributários, ou de dispensa ou redução de penalidades.

IMPOSTO	Modalidade de tributo que não exige uma contraprestação estatal. Para que surja o dever de pagar basta que o contribuinte pratique um ato previsto em lei como fato gerador de imposto.
TAXA	Pressupõe uma atividade estatal específica: o exercício do poder de polícia ou a prestação ou disponibilização de um serviço ao contribuinte. Para esta espécie de tributo não é necessário que o contribuinte atue, já que o dever de pagá-lo deriva da disponibilização de um serviço ou mesmo do exercício regular do poder de polícia.
CONTRIBUIÇÕES	Possuem fatos geradores típicos de impostos ou taxas, uma vez que sua exigibilidade pode derivar, ou não, de uma atividade estatal. Esta modalidade de tributo diferencia-se das supramencionadas pela sua finalidade: financiar a seguridade social; a intervenção do Estado no domínio econômico ou a defesa dos interesses de categorias profissionais ou econômicas.
CONTRIBUIÇÕES DE MELHORIA	Esta espécie de tributo não é muito comum pelas dificuldades inerentes à verificação exata do seu fato gerador: a valorização do imóvel em razão de obra pública. O surgimento da obrigação tributária novamente independe de um ato do contribuinte, decorrendo de uma ação estatal que resulte em valorização do imóvel.
EMPRÉSTIMO COMPULSÓRIO	Seu fato gerador pode ser qualquer um dos atribuídos aos impostos federais. Esta modalidade tem duas especificidades que a tornam autônoma: o caráter finalístico, já que só pode ser instituído em situações especiais como calamidade pública e investimento público, e o dever de, transpassada a situação, haver a devolução na mesma espécie do valor que foi recolhido. Vale acrescentar que não é tributo muito utilizado na prática.

2.2. Obrigações tributárias

Aqueles que pretendem aproveitar os incentivos fiscais proporcionados pela Copa de 2014 e Jogos Olímpicos de 2016 não devem focar a sua atenção somente no pagamento do valor do tributo, chamada de "obrigação principal".

Tão importantes quanto esta, existem as obrigações acessórias que, embora por definição sejam aquelas que não envolvem pecúnia, o seu descumprimento pode acabar gerando tanto custo quanto as próprias obrigações principais ensejam.

As obrigações de que se trata (acessórias) existem para que o Poder Público possa fiscalizar o recolhimento correto dos tributos a que estão relacionadas. Porém, o dever de adimplir a obrigação acessória, diferentemente da regra geral, não está vinculado ao efetuar o pagamento do tributo e pode acontecer ainda que inexista o dever pecuniário.

O dever a que se refere, que consiste, por exemplo, na emissão de notas fiscais e entrega de declarações, deve, portanto, ser sempre cumprido sob pena de incidência de multa que, em certos casos, igualam-se ou mesmo suplantam o montante devido a título do próprio tributo.

2.3. Responsabilidade pelo pagamento do tributo

Originalmente, o Estado deve cobrar o valor do tributo daquele que pratica o fato estipulado como gerador da obrigação tributária. Isto porque é ele que guarda relação direta com o evento tributável ou dele extrai alguma vantagem econômica.

Entretanto, há casos em que, para facilitar a fiscalização e a arrecadação, a lei autoriza o Estado a exigir de terceiro, que não guarda relação direta com a ocorrência do fato gerador, a retenção frente ao contribuinte do crédito fiscal, para posterior repasse aos cofres públicos. Nestas hipóteses, o terceiro é colocado na condição de responsável tributário e pode responder pela totalidade do crédito, caso não desempenhe o papel que lhe é conferido pela legislação.

A figura do responsável tributário, embora dependa de lei que lhe institua expressamente, é bastante comum no Sistema Tributário Brasileiro. Essa modalidade é muito utilizada para o recolhimento de Imposto de Renda, um importante tributo federal e expressivo em arrecadação, que incide como decorrência da obtenção de renda e outros proventos pelo contribuinte.

No caso de tal tributo, a responsabilidade legal atribui, por exemplo, ao empregador (denominado de fonte pagadora), o dever de reter do empregado o tributo devido em razão da obtenção da renda salarial para repassá-lo ao Fisco, sob pena de ter de adimplir integralmente a obrigação com recursos próprios.

2.4. Estabilidade tributária

O Sistema Jurídico Brasileiro é amparado no Constitucionalismo, pelo que nenhuma outra norma pode sobrepor-se à Constituição Federal. Esta premissa traduz uma grande segurança aos contribuintes, uma vez que a inconfrontável Carta Maior tratou de estabelecer, ao menos, 3 princípios que evitam que os contribuintes sejam pegos de surpresa pelo aumento ou instituição de novos tributos.

Entre os princípios tributários instituídos pela Constituição Federal, destacam-se três (Legalidade, Anterioridade e Irretroatividade) que, por limitarem os fatos tributáveis, impedem a incidência imediata de um novo tributo ou a majoração de um antigo, evitando também que leis novas tragam consequências negativas para ações pretéritas. Assim, tais limitações permitem ao contribuinte defender-se ou preparar-se para que possa cumprir as obrigações tributárias estabelecidas.

2.4.1. Princípio da Legalidade

Segundo o princípio da Legalidade, todo tributo somente pode ser instituído ou majorado por lei.

Em regra, a lei apta a realizar tais tarefas é a ordinária ou lei comum, cuja aprovação se dá por maioria simples. No entanto, três tributos, todos federais, dependem de lei complementar, a qual, para ser aprovada, demanda maioria qualificada, o que torna mais complexa a sua instituição.

Sendo assim, nenhum outro ato normativo está apto a criar ou onerar qualquer tributo, à exceção da Medida Provisória, que poderá fazê-lo quando não se tratar de matéria que deva ser regulada por lei complementar.

Existem, entretanto, alguns tributos que, por terem um cunho extrafiscal, podem ter suas alíquotas majoradas ou reduzidas, dentro dos limites legais, por ato do Poder Executivo. São exemplos os impostos sobre exportação e importação, que não servem somente como fonte de arrecadação, mas também como forma de controle da economia interna.

2.4.2. Princípio da anterioridade

Em poucas palavras, por força do Princípio da Anterioridade, a lei que instituir ou majorar tributos passa a viger tão somente no exercício financeiro seguinte àquele em que foi publicada, respeitando-se, ainda, o prazo mínimo de 90 dias entre a publicação e a sua vigência. Vale ressaltar que, no Brasil, o exercício financeiro coincide com o ano civil, correspondendo ao período de 1º de janeiro a 31 de dezembro.

Esse princípio, entretanto, admite algumas exceções pela mesma razão do que foi tratado anteriormente. Assim, não é impossível, como ao invés é corriqueiro, que alguns tributos tenham suas leis modificadas, com eficácia imediata para atenderem à sua finalidade extrafiscal.

2.4.3. Princípio da irretroatividade

Em razão da irretroatividade atribuída pela Constituição às normas tributárias que instituam ou majorem tributos, fatos passados jamais serão geradores de novos tributos, assim como as obrigações tributárias já constituídas não sofrerão majoração por leis novas.

Por outro lado, como o texto constitucional veda expressamente a retroatividade apenas em caso de majoração ou criação de tributos, nada impede que uma nova lei reduza o valor a ser pago ou mesmo exclua o dever de pagar algum tributo, desde que o faça expressamente.

2.5. Isenção

Outro aspecto relevante do Sistema Tributário Brasileiro é que é permitido ao legislador excluir da incidência de determinados tributos um grupo de contribuintes de determinados fatos ou regiões.

Para tanto, contudo, é indispensável a edição de uma lei fundamentada em motivos válidos para que não ofenda o Princípio da Isonomia, que prevê a igualdade de todos perante a lei.

Este benefício é geralmente concedido para fomentar certos setores da economia ou ajudar no desenvolvimento de determinadas regiões.

Nas próximas linhas, será demonstrado como a previsão para tais isenções será ampliada na legislação em razão dos eventos esportivos que serão realizados nos próximos anos no Brasil, bem como porque combiná-las a um planejamento tributário adequado pode resultar na criação de um cenário propício ao investidor que pretende multiplicar seu capital, aportando-o no País.

3. Planejamento é a melhor opção

Atualmente, estão vigendo cerca de 250 mil leis tributárias, sendo que, a cada dia, em média, 40 mudanças são introduzidas na regulamentação fiscal. Estima-se que somente para gerenciar tal complexidade fiscal no País, o custo para as empresas gira na ordem de 2% a 6% de sua receita bruta.

Por sua vez, a carga tributária no Brasil tem atingido patamares que impactam substancialmente nas atividades empresariais.

Por conta de tudo isso, uma gestão tributária aprimorada se mostra como importante recurso para empresas que visam não somente garantir a manutenção das suas atividades, mas, também, que têm como pretensão aumentar sua competitividade em um mercado cada vez mais exigente.

Não é por outro motivo que o planejamento tributário vem se consolidando como importante alternativa para a continuidade e desenvolvimento dos negócios para a quase totalidade dos contribuintes brasileiros, sobretudo ao se mostrar como mecanismo cuja precípua finalidade é facilitar a escolha de ações que respaldem a minimização dos custos tributários.

Conceituando-o de forma simplificada, planejamento tributário consiste na escolha, não simulada e anterior à ocorrência de fato gerador, da opção legal menos onerosa para fins de pagamento de tributos.

Ao se falar em planejamento tributário, a primeira dúvida que surge é acerca da legalidade do procedimento, pelo que, de logo, há de ser esclarecido que inexiste qualquer vedação no ordenamento jurídico brasileiro à realização de economia no pagamento de tributos. Contudo, para que esta economia seja reconhecida como existente, válida e eficaz, deve ser realizada dentro das especificações legais.

Assim, para que um planejamento tributário seja adequado, é importante que haja conhecimento acerca da situação e da atividade do contribuinte, a fim de que seja possível planejar os negócios no sentido de efetivamente reduzir os seus custos, sem criar situações indesejáveis com problemas fiscais.

Além disso, como a legislação tributária sofre constantes alterações, é necessário que o planejamento seja feito por profissional que esteja sempre atento às mudanças legislativas, para não levar o contribuinte a ir de encontro à ordem tributária, principalmente em decorrência de uma modificação no ordenamento que não seria de seu conhecimento.

Por sua vez, não raro se constata que muitas empresas pagam tributos indevidos por mero desconhecimento da legislação tributária, sendo comum existirem benefícios que sequer são utilizados pelos contribuintes justamente por não conhecê-los. Assim, o planejamento tributário elementar perpassa pelo estudo da legislação a fim de que sejam identificadas as hipóteses de incentivos fiscais disponíveis para a atividade da empresa, tais como isenções, redução de alíquota etc., que são capazes de diminuir, por si só, e totalmente dentro da regulamentação legal, a carga tributária.

Dessa forma, é de se concluir que esse desconhecimento da legislação por parte dos contribuintes pode assumir grandes proporções financeiras e tributárias, não só porque teria sido cabível a desoneração da atividade, mas, sobretudo, em razão da possibilidade de que sejam praticadas condutas em afronta à própria regulamentação legal.

Portanto, planejar em matéria tributária envolve necessariamente a adoção de um procedimento lícito e preventivo, consistente em uma antecipação ao aperfeiçoamento do evento previsto como fato gerador da obrigação tributária ou, quando aquele já tiver se aperfeiçoado, em uma alternativa legal que esteja ao seu alcance para reduzir a carga tributária.

E é nesse ponto que reside a proposta final deste trabalho: apresentar informações iniciais e relevantes sobre os incentivos fiscais que estão sendo conferidos no País pelo Governo para o empresariado e investidores, que estejam voltados às oportunidades proporcionadas pelos eventos da Copa do Mundo e das Olimpíadas, a serem realizados nos próximos anos.

3.1. Planejar de forma legal e segura a partir dos benefícios disponíveis

Em se adentrando ao tema central do texto, abordar-se-ão os benefícios fiscais cuja concessão é prevista, visando a que ocorra uma redução ou eliminação, direta ou indireta, do respectivo ônus tributário, como forma de promover o incentivo aos investimentos no País.

Traçando-se as noções elementares, pode-se definir que incentivos fiscais consistem no conjunto de políticas econômicas que, por permitirem menor cobrança de tributos ou mesmo a sua não cobrança (seja por meio de concessão de isenção, pela concessão de créditos presumidos ou por quaisquer outros incentivos ou favores), facilitam o aporte de capitais em uma determinada área, com o intuito de proporcionar o aquecimento econômico ao referido território.

Com a definição de cidades brasileiras como sedes dos principais eventos esportivos mundiais, principalmente a Copa do Mundo em 2014 e os Jogos Olímpicos de 2016, a expectativa é de que os próximos anos serão de economia aquecida para o Brasil.

Por sua vez, a escolha do País como sede da Copa do Mundo e da cidade do Rio de Janeiro como local para realização das Olimpíadas evidenciou a premente necessidade de adequação da infraestrutura das cidades para sediarem os eventos.

Nesse contexto, será imperioso o aporte de recursos e investimento para infraestrutura na construção civil, energia, turismo, transporte, tecnologia, publicidade, hotelaria, alimentação, hospitais, telecomunicações, dentre outros, o que impacta, sem quaisquer dúvidas, na necessidade de desoneração da carga tributária dos respectivos setores da economia.

Para tanto, e consequentemente, por necessitarem de substanciais investimentos, estes serão destinatários certos de benefícios fiscais, capazes de fomentar e incentivar o desenvolvimento esperado.

A título ilustrativo do que isso representa em números, estima-se que para sediar a Copa do Mundo de 2014, o Brasil aceitou conceder renúncia fiscal avaliada em R$ 500 milhões, cabendo mencionar também que a isenção do pagamento de um tributo municipal, o ISS, foi, inclusive, exigência da FIFA para a candidatura do País à sede do Mundial de Futebol.

Eis porque o Estado, em suas três esferas (federal, estadual e municipal), vem apresentando um pacote de incentivos fiscais, com o objetivo último de desonerar os investimentos voltados para a implementação da infraestrutura necessária à realização desses grandes eventos.

3.2. Benefícios no âmbito federal

No âmbito federal, a Lei n. 12.350, publicada em 21 de dezembro de 2010, consolida, em um diploma legal, os incentivos fiscais federais relativos à Copa das Confederações de 2013 e Copa do Mundo de 2014.

Esse regime especial de tributação, denominado pela própria lei de RECOPA, concede isenção de tributos federais incidentes nas importações de bens ou mercadorias para uso ou consumo exclusivo na organização e realização dos Eventos e suspende a exigência de impostos e contribuições sobre materiais e serviços que serão usados por empresas com projetos aprovados pelo Ministério do Esporte até 31 de dezembro de 2012.

3.3. Benefícios no âmbito estadual

Na esfera estadual, vigoram os Convênios ICMS ns. 108/08, 133/08 e 39/09, que autorizam os Estados e o Distrito Federal a conceder isenção do ICMS nas operações com mercadorias e bens destinados à construção, ampliação, reforma ou modernização de estádios a serem utilizados na Copa de 2014, bem como concede isenção do ICMS nas operações com produtos nacionais e estrangeiros (aparelhos, máquinas, equipamentos etc.) destinados aos Jogos Olímpicos e Paraolímpicos de 2016.

3.4. Benefícios no âmbito municipal

Na órbita municipal, a grande maioria dos incentivos fiscais até agora concedidos diz respeito à isenção de ISS sobre os serviços prestados pela FIFA.

Já para a cidade do Rio de Janeiro, que também será sede dos Jogos Olímpicos de 2016, o Pacote Legislativo é composto por leis que trazem medidas para incentivar, principalmente, a criação de novas acomodações pelo setor hoteleiro (neste incluídos não somente os hotéis, mas também pousadas, *resorts* e albergues).

Na legislação municipal carioca, o principal diploma é a Lei n. 5.230/2010, que institui incentivos e benefícios fiscais relacionados tanto com a realização da Copa do Mundo de 2014 quanto dos Jogos Olímpicos e Paraolímpicos de 2016.

Em linhas gerais, a legislação municipal carioca, como a de outras cidades sedes, prevê isenções tributárias para os comitês organizadores da Copa e dos Jogos Olímpicos; isenções de IPTU durante a construção dos novos hotéis; remissão do IPTU vencido para imóveis que foram comprados até 31 de dezembro de 2012 e que venham a ser construídos ou transformados em estabelecimentos hoteleiros até 31 de dezembro de 2015, bem como incentivos fiscais de ITBI e ISS.

Porém, deve ser feita uma ressalva importante: quem pretender se valer dos benefícios fiscais previstos no pacote deve estar atento à data limite para recebimento do "habite-se" das construções previstas nos projetos, que, na legislação do Rio de Janeiro, ocorrerá no dia 31 de dezembro de 2015.

3.5. Outros benefícios já previstos

É bom que se refira que as empresas que atuam no setor relativo à implantação de obras de infraestrutura poderão se aproveitar de outros benefícios fiscais previamente existentes e não direcionados especificamente aos eventos da Copa do Mundo e das Olimpíadas.

Isso porque, mesmo antes da edição da Lei n. 12.350/2010 e dos outros projetos voltados especificamente para estes dois principais eventos, já existiam textos legais que asseguravam incentivos fiscais a eventos esportivos.

É o que ocorre com a Lei n. 10.451/2002, que traz a isenção do IPI incidente sobre produtos de procedência estrangeira ou produtos industrializados no País para os equipamentos e materiais esportivos importados, sem similar nacional, e para os produtos do mesmo tipo adquiridos diretamente de fabricante nacional, destinados exclusivamente ao treinamento de atletas e às competições desportivas em jogos olímpicos, paraolímpicos, pan-americanos, parapan-americanos e mundiais. Acrescente-se que a referida isenção é prevista até 31 de dezembro de 2013 e possui o requisito da necessidade de homologação pela entidade desportiva internacional da respectiva modalidade esportiva.

Ainda na esfera federal, a Lei n. 11.438/2006 (Lei de Incentivo ao Esporte), regulamentada pelo Decreto n. 6.180/2007, possibilita a dedução do imposto de renda devido pelas pessoas físicas ou jurídicas dos valores despendidos a título de patrocínio ou doação, no apoio direto a projetos desportivos e paradesportivos previamente aprovados pelo Ministério do Esporte.

Outros benefícios fiscais estão também contidos na Lei n. 11.488/2007, por meio da qual se editou o REIDI, Regime Especial de Incentivos para o Desenvolvimento da Infraestrutura, que beneficia a pessoa jurídica que tenha projeto aprovado para a implantação de obras de infraestrutura nos setores de transporte, portos, saneamento básico e irrigação, pela suspensão da exigência do PIS e da COFINS nas aquisições de máquinas, aparelhos, instrumentos e equipamentos novos, e de materiais de construção para a utilização ou incorporação em obras de infraestrutura destinadas ao ativo imobilizado.

Além desse incentivo, há também a suspensão da exigência do PIS-Importação e da COFINS-Importação quando os bens ou materiais de construção listados forem importados diretamente pela empresa beneficiária do Regime Especial, sendo que a suspensão da exigência do PIS, da COFINS, do PIS-Importação e da COFINS-Importação se converterá em alíquota zero após a utilização ou incorporação do bem ou do material de construção na obra de infraestrutura.

Por fim, há o Regime Especial de tributação para construção, ampliação, reforma ou modernização de estádios de futebol, o RECOM, instituído pelo Decreto n. 7.319/2010, em consonância com o Convênio ICMS n. 108/2008, que prevê hipóteses para a suspensão da exigência da Contribuição para o PIS/PASEP e COFINS, do IPI, da Contribuição para o PIS/PASEP-Importação e COFINS-Importação, do IPI incidente na importação de bens e do Imposto de Importação.

Em suma, pelo RECOM resta permitida a compra, pelas empresas que realizam empreendimentos para o evento esportivo, de equipamentos, matérias-primas e serviços sem incidência dos aludidos impostos, se atendidos os requisitos previstos no mencionado Regime.

3.6. Mais alguns aspectos relevantes

Vale reforçar que aqueles que pretendem ser beneficiados com isenções fiscais por investimentos na Copa do Mundo 2014 e nos Jogos Olímpicos 2016 deverão ficar atentos às modificações da legislação tributária, sobretudo porque algumas regras para a concessão dos benefícios ainda não estão completamente regulamentadas.

Além disso, os caminhos burocráticos para concessão da isenção também podem ser um complicador, a exigir que os projetos sejam apresentados com muito critério (sobretudo porque o pacote de benefícios não está completamente regulamentado, o que dificulta a definição da formatação que eles devem ter), a fim de que sejam evitados entraves no processo de aprovação da proposta ou mesmo problemas com o Fisco em decorrência da utilização equivocada dos benefícios.

É importante salientar que se o Fisco entender que o contribuinte se valeu da isenção ou de outro benefício de forma irregular, o investidor poderá sofrer processo administrativo ou judicial, correndo o risco de pagar não só o valor que foi desonerado, mas também multas e juros previstos na legislação.

4. Conclusões

Se o objetivo é encontrar soluções juridicamente viáveis para que somente ocorra o recolhimento dos tributos que efetivamente sejam exigidos, sobretudo pelo aproveitamento dos benefícios concedidos, o fator mais importante para tanto é realizar um bom planejamento tributário, que deve estar aliado ao estudo meticuloso e constante da legislação.

Assim, para aqueles que pretendem investir, o Brasil, que, já se sabe, é um porto seguro para bons negócios, ganha ainda mais destaque com o pacote de benefícios fiscais que prevê isenção de alguns tributos federais, estaduais e municipais, instituído pelo governo para fornecedores de serviços, máquinas, veículos, materiais de imagem e outros setores necessários para a realização dos eventos esportivos.

Portanto, o ambiente é bastante propício a negócios. O que não se pode esquecer é a necessidade de atuação do empresariado bem como dos investidores sempre de forma assessorada, mediante apoio de consultoria técnica especializada, em razão das peculiaridades do sistema tributário brasileiro, brevemente ilustradas neste estudo, de forma a que as particularidades fiscais do País não representem desestímulo aos seus investimentos.

Por tudo isso, em se tratando de seara tributária, a vantagem estratégica e econômica de consultoria prévia e assessoramento constante para atuação empresarial é também um diferencial no mercado. Afinal, em face das especialidades do sistema nacional, é certo que investir no planejamento tributário passou a ser um dos elementos de sustentação do próprio negócio.

REFERÊNCIAS BIBLIOGRÁFICAS

CARVALHO, Paulo de Barros. *Curso de direito tributário*. 23. ed. São Paulo: Saraiva, 2011.

_____ . *Direito tributário, linguagem e método*. São Paulo: Noeses, 2009.

CHAVES, Francisco Coutinho. *Planejamento tributário na prática:* gestão tributária aplicada. 1. ed. 2. reimpr. São Paulo: Atlas, 2008.

SIMÕES, Argos Campos Ribeiro. Guerra Fiscal no ICMS: Benefícios Fiscais X Benefícios Não Fiscais. *Revista de Direito Tributário* n. 102: São Paulo: Malheiros, 2008.

CAPÍTULO III
INFRAESTRUTURA E ASPECTOS TRABALHISTAS. COMO CONTRATAR COM O MENOR RISCO

ANA PAULA ASSUNÇÃO
BELISA CAVALCANTE
GERMANA CALDA
IMACULADA GORDIANO
IRENE SERENÁRIO

Sumário: *1. Introdução. 2. Contrato de Trabalho. 2.1. Elementos essenciais do Contrato de Trabalho. 2.2. Distinção entre Contrato de Trabalho x Contrato de Prestação de Serviços. 2.2.1. Análise financeira e de risco nos contratos de trabalho e de prestação de serviços. 3. Fontes do Direito do Trabalho. 3.1. Princípios da Primazia da Realidade e da Norma Mais Benéfica para o Trabalhador. 3.1.1. Princípio da proteção. 4. Personalidade e capacidade das partes contratantes. 4.1. Tipos de contrato de trabalho. 4.1.1. Contrato de experiência. 4.1.2. Contrato por obra certa. 4.1.3. Contrato por temporada. 4.1.4. Contrato por tempo determinado. 4.1.5. Contrato de aprendizagem. 4.1.6. Contrato temporário. 4.1.7. Contrato de estágio. 5. Direitos e obrigações — empregado e empregador. 5.1. Remuneração. 5.2. Contrato de Trabalho. 5.3. Férias. 5.4. 13º Salário. 5.5. Fundo de Garantia do Tempo de Serviço — FGTS. 6. Cessação do contrato de trabalho. 7. Homologação da Rescisão. 8. Estabilidade Provisória. 9. Da Segurança e Medicina do Trabalho. 10. Das cotas especiais obrigatórias. 10.1. Aprendizagem. 10.2. PCD'S. 11. Especificidades do contrato de trabalho de estrangeiro. 12. Visto temporário de trabalho (Resolução Normativa n. 74/2007 e 80/2008).*

1. INTRODUÇÃO

O Direito do Trabalho no Brasil, embora sendo um ramo jurídico especializado, relaciona-se permanentemente com outros campos do

Direito. Nesta interseção, o Direito Constitucional é decisivo neste processo de inserção do Direito Trabalhista no Universo jurídico brasileiro. No Capítulo II — Dos Direitos Sociais — Da Constituição Da República Federativa do Brasil, são garantidos os direitos dos trabalhadores urbanos e rurais com o objetivo de mantê-los em condições dignas de trabalho para a melhora, sobremaneira, de suas condições sociais.

A Criação da Justiça do Trabalho; da Carteira de Trabalho; do salário-mínimo; do descanso semanal remunerado; da jornada de trabalho de 8 (oito) horas diárias; a regulamentação do trabalho feminino, de menores de idade e a criação da Consolidação das Leis Trabalhistas — CLT, surgiram no período em que, no campo político, o Brasil foi marcado por um governo ditador. Este período, chamado de Estado Novo, governado por Getúlio Vargas, iniciou também importantes investimentos em infraestrutura e deu ênfase ao desenvolvimento industrial. Mesmo sendo um governo populista e antidemocrático, os trabalhadores conquistaram importantes direitos. Coincidência ou não, tais conquistas se deram paralelamente aos investimentos do referido governo em infraestrutura.

Atualmente, o Governo continua atento às condições de trabalho em canteiros de obras, no sentido de fiscalizar e exigir o cumprimento das leis trabalhistas, dada a precariedade das terceirizações e subcontratos, tão comuns na indústria da construção civil. Com a aproximação da Copa do Mundo de 2014, as centrais sindicais já lançaram uma campanha pelo trabalho decente nas obras da Copa. O intuito é garantir aos trabalhadores condições dignas de trabalho.

É obvio que os resultados não serão estanques, pelo contrário, o impacto que estas grandes obras gerarão no Brasil merece a atenção dos governantes para que as cidades-sedes destes investimentos se desenvolvam com infraestrutura planejada.

2. Contrato de Trabalho

É o vínculo jurídico entre o empregado e o empregador. Este vínculo também é chamado de contrato individual de trabalho e relação de emprego. Na legislação brasileira, esta relação é definida como um contrato que corresponde a uma relação de emprego, conforme está estabelecido no art. 442 da CLT.

2.1. Elementos essenciais do Contrato de Trabalho

O contrato de trabalho deve preencher os seguintes requisitos: a) continuidade; b) subordinação; c) onerosidade; d) pessoalidade.

No requisito **CONTINUIDADE**, o trabalho deve ser prestado com continuidade. Aquele que presta serviço eventual não é empregado. Há um trato sucessivo na relação entre as partes, que perdura no tempo. A continuidade é da relação jurídica, da prestação de serviços.

No requisito **SUBORDINAÇÃO**, o empregado exerce sua atividade com dependência ao empregador, por quem é dirigido. O empregado é, por conseguinte, um trabalhador subordinado, dirigido pelo empregador. O trabalhador autônomo não é empregado justamente por não ser subordinado a ninguém, exercendo com autonomia suas atividades e assumindo os riscos de seu negócio.

No requisito **ONEROSIDADE**, o empregado recebe salário pelos serviços prestados ao empregador. O empregado tem o dever de prestar serviços e o empregador, em contrapartida, deve pagar salários pelos serviços prestados. Se não há remuneração, não existe vínculo de emprego.

No requisito **PESSOALIDADE**, significa que o trabalho somente poderá ser realizado por certa e determinada pessoa. Não pode o empregado fazer-se substituir por outra pessoa.

2.2. Distinção entre Contrato de Trabalho x Contrato de Prestação de Serviços

Contrato de prestação (ou locação) de serviços é aquele em que uma parte se obriga com a outra a prestar alguma atividade, mediante remuneração material, cabendo ao próprio prestador a imediata direção do modo como a prestação de serviço é efetivada.

A relação de emprego, todavia, apesar de estar incluída no bojo da prestação de serviços, como um de seus elementos, dela difere em substância, já que toda relação de emprego será uma relação de trabalho, mas nem toda relação de trabalho pode ser denominada de emprego.

Surge a relação de emprego quando existe a prestação perene e pessoal de serviços ao empregador, sob sua dependência e subordinação e mediante salário.

O que afasta o contrato de prestação de serviços da relação de emprego é, essencialmente, a independência técnica do prestador em relação ao tomador dos serviços e a impessoalidade.

Outra diferença fundamental entre os dois contratos é o conceito de pessoalidade. No contrato de emprego o trabalhador não pode delegar sua função a outra pessoa em hipótese alguma, enquanto que no contrato de prestação civil de serviços, salvo cláusula expressa prevendo a pessoalidade, o prestador de serviços pode fazer-se substituir, desde que a prestação seja cumprida.

Quanto ao objeto, a grande diferença entre os contratos de trabalho e os contratos de prestação de serviços é que o primeiro tem como objeto uma atividade, enquanto que no segundo o objeto é um resultado.

2.2.1. Análise financeira e de risco nos contratos de trabalho e de prestação de serviços

Importa considerar os itens de maior impacto financeiro nos contratos de trabalho e de prestação de serviços. Além disso, cabe analisar os principais fatores que influenciam a análise do risco relacionado a cada tipo de contratação.

Os contratos de trabalho estão vinculados a uma legislação específica e amplamente estabelecida. Os conflitos decorrentes destas relações são de competência da Justiça do Trabalho.

Uma das principais diferenças da Justiça do Trabalho em relação à Justiça Comum é que a legislação vigente procura garantir aos empregados o acesso total e irrestrito à proteção jurisdicional especializada.

No processo trabalhista, as partes gozam da faculdade de ingressar em Juízo, acompanhar a demanda e interpor recursos, independentemente da intermediação de advogado. Esse princípio, denominado *ius postulandi*, visa garantir o acesso total e irrestrito do maior número de jurisdicionados (pequeno empreiteiro, trabalhador avulso, empregados etc.) à proteção jurisdicional especializada.

Outro princípio a ser considerado é o *in dúbio pro misero* amplamente utilizado no Direito do Trabalho. Um dos pilares do braço trabalhista do Direito é o princípio do *in dúbio pro misero*. Utilizando-se a literal tradução da frase latina, teremos a definição segundo a qual, em havendo dúvida, esta será decidida em favor do operário, do trabalhador, do laborista, do hipossuficiente, do miserável.

A regra do *in dúbio pro operario* constitui um critério de interpretação jurídica, conforme o qual, diante de mais de um sentido possível e razoável para a norma, o aplicador do Direito deve escolher o que seja condizente com o abrandamento da desigualdade material que caracteriza a relação de emprego.

Ao optar por um contrato de trabalho, a empresa deverá considerar a maior facilidade de ingresso na Justiça do Trabalho por parte do empregado. Além disso, deverá considerar o fato de que mesmo na hipótese de ter êxito em uma eventual ação trabalhista, deverá arcar com os seus custos e despesas processuais.

Por outro lado, caso opte por um contrato de prestação de serviços, nenhuma destas considerações acima descritas se farão necessárias, tendo em vista que uma eventual ação movida pela outra parte se daria na Justiça Comum, sem nenhum privilégio jurisdicional ao prestador.

Ao avaliar os contratos de trabalho e os contratos de prestação de serviços, o fator de maior interferência sob o ponto de vista financeiro é a tributação incidente em cada uma das contratações.

De um lado o contrato de trabalho, sobre o qual incidirão todos os encargos trabalhistas, contribuições sociais e previdenciárias. Do outro lado o contrato de prestação de serviços de pessoa jurídica e o contrato de prestação de serviços de pessoa física.

Sobre os contratos de prestação de serviços de pessoa jurídica incidem os tributos federais (PIS/Pasep, Cofins, IRPJ, CSLL, Contribuições Previdenciárias) e municipais (ISS). Sobre os contratos de prestação de serviços de pessoa física incidem os tributos federais (IRPF e Contribuições Previdenciárias) e municipais (ISS). Além disso, a Pessoa Jurídica ou Física contratada incluirá no valor do contrato todos os custos diretos e indiretos necessários para o cumprimento do contrato e o BDI (Benefícios e Despesas Indiretas).

Assim, para cada tipo de contrato utilizado, existe uma tributação diferente. Esta diferença acaba impactando diretamente nos custos dos contratos.

3. Fontes do Direito do Trabalho

Fontes do Direito do Trabalho serão os modos pelos quais ele virá ao mundo. É a origem do direito, incluídos os fatores sociais, econômicos e históricos. No Direito Trabalhista brasileiro, as fontes do direito são:

Fontes materiais — As fontes materiais de direito são os fatos histórico-sociais, declarações formais e recomendações de organismos internacionais e tratados não ratificados.

Fontes formais — As fontes formais são as que geram direitos e obrigações nas relações que incidem. As fontes formais são geralmente inspiradas ou motivadas pelas fontes materiais.

A **Constituição** é a fonte formal de maior hierarquia do Direito do Trabalho no Brasil. Inseridas no Título II da Constituição Federal de 1988, as normas de Direito do Trabalho são parte dos Direitos e Garantias Fundamentais.

Segundo o art. 5º, § 1º, as normas definidoras dos direitos e garantias fundamentais têm aplicação imediata.

Um bom exemplo a ser dado no sentido do que se afirmou acima decorre a disposição constitucional do salário-mínimo que deve ser capaz de atender às necessidades vitais básicas e às da família do trabalhador com moradia, alimentação, educação, saúde, lazer, vestuário, higiene, transporte e previdência social, com reajustes periódicos que lhe preservem o poder aquisitivo, sendo vedada sua vinculação para qualquer fim.

Normas Internacionais — No Brasil, apesar de as normas advindas dos tratados internacionais ratificados serem consideradas vigentes e, portanto, fontes formais de direito, a lei ordinária posterior à ratificação do tratado internacional deve ser aplicada em detrimento da mesma norma internacional.

No Direito do Trabalho, as normas internacionais são muito importantes em função de as convenções aprovadas na OIT cobrirem áreas muito significativas da matéria.

Leis — No Brasil, as espécies de leis previstas na Constituição são as leis complementares, as leis ordinárias, leis delegadas, medidas provisórias e decretos legislativos.

Os tratados internacionais têm a mesma hierarquia da lei como fonte formal do direito.

As leis complementares o são em relação ao texto da Constituição Federal. Isto quer dizer que as leis complementares "completam" a Constituição. Elas devem ser aprovadas por maioria absoluta.

As leis delegadas serão feitas pelo Presidente da República, após solicitar a delegação ao Congresso Nacional.

As medidas provisórias são previstas no art. 62 da Constituição Federal. São medidas que o Presidente da República poderá adotar nos casos de relevância e urgência, com força de lei, devendo submetê-las de imediato ao Congresso Nacional.

Regulamentos e Portarias — Os regulamentos aprovados por decreto e os decretos regulamentares têm como fim permitir a adequada execução das leis com que se relacionam, das leis que os legitimam. Não podem os mesmos ir contra ou além do que determina a mesma lei.

O **decreto**, entretanto, pode ser um regulamento autônomo nos casos em que tiver por objeto a organização administrativa do Estado ou as atribuições dos órgãos do Poder Executivo.

As **instruções** não são fontes de direito, obrigando, apenas, os funcionários nos limites da obediência hierárquica. Se um regulamento determinar que o Ministro deva expedir portaria que o complemente, esta será fonte de direito.

As **Sentenças Normativas** seriam uma espécie de imposição de arbitragem compulsória para a solução de conflitos coletivos de trabalho. A sua necessidade seria uma decorrência da inexistência de sindicatos fortes e atuantes em países que não são plenamente desenvolvidos, capazes de proceder a uma arbitragem facultativa. A arbitragem obrigatória é parte da intervenção do Estado nas relações de trabalho.

Convenções Coletivas de Trabalho são os instrumentos da negociação coletiva. Previstas no art. 7º, XXVI da Constituição Federal. Os arts. 611 e 612 da Consolidação das Leis do Trabalho (CLT) estipulam, que estes são "instrumentos normativos de ampla utilização e inquestionável relevo na autocomposição dos interesses que afetam os atores das relações de trabalho".

As **convenções** e os **acordos coletivos de trabalho** ganharam importância na "autorregulamentação" das relações de trabalho, pois foi-lhes permitido até flexibilizar a incidência de certas normas constitucionais. Isto porque o art. 7º da Constituição permite aos instrumentos de negociação coletiva flexibilizar a aplicação dos preceitos relativos à irredutibilidade do salário (inciso VI), à duração normal do trabalho (inciso XIII) e aos turnos ininterruptos de revezamento (inciso XIV).

Regulamento de Empresa, no Brasil, não é fonte de direito. O que eles representam, na verdade, são contratos adesivos aos quais não pode o empregado deixar de aderir se quiser aquele emprego. As regras de organização e funcionamento da empresa são fontes de direito, haja vista terem sido estabelecidos com base no poder de comando que o empregador possui.

Costumes e fontes subsidiárias — A Lei de Introdução ao Código Civil brasileiro determina, em seu art. 4º, que quando a lei for omissa, o juiz deve decidir o caso de acordo com a analogia, os costumes e os princípios gerais de Direito. Estas são fontes subsidiárias de direito.

O Código de Processo Civil será fonte subsidiária do Direito do Trabalho, naquilo em que não for incompatível com os princípios fundamentais deste.

Hierarquia das fontes formais de direito — a (1º) Constituição é a norma jurídica mais importante de um país. No Brasil, logo abaixo da Constituição estão as (2º) leis. É de se lembrar que os (2º) tratados internacionais ratificados pelo Brasil têm força de lei, estando no mesmo patamar daquelas. As (3º) sentenças normativas e os (3º) laudos arbitrais estão acima das (4º) convenções e acordos coletivos para alguns e para outros, não. O (5º) costume deve completar a norma escrita e preencher as lacunas do ordenamento jurídico. (6º) O regulamento de empresa completa o quadro das normas aplicáveis às relações de trabalho.

É muito comum se dizer que o Direito do Trabalho favorece o trabalhador por meio da inversão da hierarquia das normas jurídicas. Contudo, na verdade, aplica-se a disposição mais favorável ao trabalhador, desde que compatível com o sistema e com as normas hierarquicamente superiores.

3.1. Princípio da Primazia da Realidade e da norma mais benéfica para o trabalhador

A primazia da realidade nos transmite a ideia de que em caso de desacordo entre a realidade fática e o que nos transmitem os documentos, deve-se privilegiar a verdade real.

No Direito do Trabalho, os fatos são mais importantes que os documentos, sendo assim, o que deve ser observado realmente são as condições que de fato demonstrem a existência do contrato de trabalho. "São privilegiados, portanto, os fatos, a realidade, sobre a forma e a estrutura empregada".

Esse princípio é de grande relevância no Direito, em vista de que a CLT admite a possibilidade de um contrato tácito, tendo esse o mesmo efeito dos demais nas relações de emprego.

3.1.1. Princípio da proteção

Pode ser desmembrado em três: o *in dubio pro operário;* aplicação da norma mais favorável ao trabalhador; aplicação da condição mais benéfica ao trabalhador.

Em se tratando de aplicação da norma mais favorável ao trabalhador, pode-se dizer que as novas leis devem dispor de maneira mais benéfica ao trabalhador, tratar de criar regras visando à melhoria na condição social deste.

A hierarquia das normas jurídicas: havendo várias normas a serem aplicadas numa escala hierárquica, deve ser aplicada a que for mais benéfica ao trabalhador. Temos como exemplo o art. 620 da CLT, que diz "as condições estabelecidas em convenção, quando mais favoráveis, prevalecerão sobre as estipuladas em acordo".

A condição mais benéfica ao trabalhador deve entender-se por direito adquirido, ou seja, vantagens já conquistadas não podem ser modificadas para pior.

De acordo com a Súmula n. 51 do TST, "as cláusulas regulamentares, que revoguem ou alterem vantagens deferidas anteriormente, só atingirão os trabalhadores admitidos após a revogação ou alteração do regulamento".

Quer dizer que uma cláusula menos favorável aos trabalhadores só tem validade em relação aos novos obreiros admitidos na empresa e não aos antigos, aos quais essa cláusula não se aplica.

4. Personalidade e capacidade das partes contratantes

Há contrato de trabalho toda vez que o objeto da relação jurídica entre os contratantes seja a prestação de trabalho por conta alheia. A natureza da prestação de serviços é que irá definir o tipo de contrato entabulado. Assim, por exemplo, se a prestação ocorrer em caráter autônomo, haverá relação autônoma de trabalho; se, contudo, suceder de forma subordinada, teremos relação de emprego propriamente dita.

Os contratos de trabalho, como espécies de contratos de atividade, aparecem nos mais diversos ramos do Direito. Para o Direito do Trabalho importa especialmente o contrato de emprego, por ser a relação empregatícia a sua categoria básica. Há, todavia, noutras searas do Direito, contratos de atividade que muito se assemelham ao contrato de emprego, embora deste divirjam, tendo em vista as suas próprias peculiaridades.

Toda relação de emprego é de trabalho, mas nem toda relação de trabalho é de emprego, constituindo a relação de emprego modalidade especial da relação de trabalho.

A lei brasileira define a relação entre empregado e empregador como um contrato, mas afirma que o contrato corresponde a uma relação de emprego. Segundo o art. 442 da CLT, "contrato individual de trabalho é o acordo, tácito ou expresso, correspondente à relação de emprego". A relação de emprego é realmente contratual, ou seja, é uma manifestação de vontade.

Para a relação de emprego, as partes devem possuir personalidade e capacidade próprias. Para tanto, tem-se como sujeitos da relação o empregador e empregado.

De acordo com o art. 2º da CLT, "considera-se **empregador a empresa, individual ou coletiva, que, assumindo os riscos da atividade econômica, admite, assalaria e dirige a prestação pessoal de serviços**". (grifos do autor) Segundo o mesmo artigo, "equiparam-se ao empregador, para os efeitos exclusivos da relação de emprego, os profissionais liberais, as instituições de beneficência, as associações recreativas ou outras instituições sem fins lucrativos, que admitirem trabalhadores como empregados".

Empregador é a pessoa física ou jurídica. A CLT não é taxativa ao indicar os tipos de empregador.

Os requisitos legais da definição de empregado estão na CLT (art. 3º): **"Considera-se empregado toda pessoa física que prestar serviços de natureza não eventual a empregador, sob a dependência deste e mediante salário"**. Esses requisitos, todavia, não esgotam a definição. Para que se completem é preciso ir buscar na definição de empregador um último requisito: a prestação pessoal de serviços.

É importante ter-se o conhecimento de que tanto o **Estagiário** como o **Aprendiz** possuem os requisitos da relação de emprego, mas não são empregados, são figuras afins.

Para que a relação jurídica seja válida, tem a mesma que possuir os elementos jurídico-formais do contrato de trabalho: a capacidade das partes contratantes; licitude do objeto contratado; forma contratual prescrita em lei ou por esta não proibida; higidez na manifestação da vontade das partes. (art. 104/CC).

4.1. Tipos de contrato de trabalho

4.1.1. Contrato de experiência

Consiste no acordo bilateral firmado entre empregado e empregador, cujo prazo máximo de duração limita-se a noventa dias, no qual as partes poderão aferir aspectos objetivos, referentes às condições do contrato, tais como remuneração e jornada de trabalho, aspectos subjetivos, atinentes às pessoas do empregado e do empregador, que não sejam tidos como discriminatórios, e outras circunstâncias relevantes à continuidade ou extinção do vínculo.

Justifica-se a delimitação temporal no contrato de experiência em função da fase probatória por que passam as partes após a efetivação da contratação.

Por se tratar de **modalidade especial** de contrato de trabalho, não é passível de contratação tácita, o que se justifica em virtude do curto prazo de tal pacto. Ou seja, deve ser escrito.

Como espécie de contrato a termo, o contrato de experiência sujeita-se às prescrições legais àquele relativas. Assim, havendo rompimento antecipado do pacto, incidirá o disposto nos arts. 479 ou 480, da CLT, a depender de quem tenha sido a iniciativa para o término, se do empregador ou do empregado, salvo se as partes nele inseriram cláusula assecuratória do direito recíproco de rescisão, hipótese em que devem ser aplicadas as disposições que regem a resilição dos contratos por prazo indeterminado, inclusive quanto à necessidade de concessão do aviso-prévio.

Estando o contrato de experiência legalmente constituído, o mesmo não garante qualquer estabilidade ao empregado, seja por acidente de trabalho, eleição para exercício de cargo de dirigente sindical ou de representante da CIPA, ou outra circunstância geradora de estabilidade à qual o empregador não tenha dado causa.

Admitir-se o contrário é atentar contra os princípios da boa-fé e da razoabilidade. Afinal, quando entabulado o pacto, as partes tinham prévio conhecimento da predeterminação do prazo, conhecendo, de antemão, a data da sua extinção, não sendo judicioso impor-se ao empregador a manutenção do vínculo em decorrência de fato superveniente a que não deu causa.

4.1.2. Contrato por obra certa

Submete-se este contrato às regras estabelecidas pela Lei n. 2.959/56. Constitui-se o contrato de obra certa naquele pacto empregatício urbano a prazo, qualificado pela presença de um construtor, em caráter permanente no polo empresarial da relação (art. 1º da Lei), e pela execução de obra ou serviço certo como fator ensejador da prefixação do prazo contratual.

O motivo justificador do contrato é a obra ou serviço certos, vinculados ao objeto empresarial do construtor contratante. A noção de obra ou serviço deve, contudo, ser enfocada sob a perspectiva do trabalho realizado pelo empregado e não sob a perspectiva do empreendimento empresarial envolvido. Isso porque o conjunto de uma construção edificada envolve uma multiplicidade tão significativa de obras e serviços que se torna inviável reduzir tal conjunto, sob o ponto de vista trabalhista, a uma única unidade. Assim, por exemplo, na construção de um edifício residencial inserem-se diversas obras menores, como o levantamento de paredes (alvenaria), a colocação de pisos e azulejos, os serviços de pintura etc., podendo o trabalhador ser contratado por prazo determinado para apenas uma dessas obras, inexistindo, nesse caso, obrigatoriedade de que o liame perdure até à conclusão total do prédio.

Contudo, se o empregado é contratado para trabalhar em várias obras de uma mesma empresa de construção civil, não há falar em contrato por obra certa, mas, sim, em singelo contrato por prazo indeterminado.

4.1.3. Contrato por temporada

Consiste naqueles pactos empregatícios direcionados à prestação de trabalho em lapsos temporais específicos e delimitados em função da atividade empresarial.

Exsurge do permissivo legal que as hipóteses autorizadas de contratação por temporada resumem-se a meramente duas: serviços do empregado de natureza transitória (diz respeito às atividades do trabalhador); e atividades empresariais de caráter transitório (refere-se às atividades da empresa). Neste último caso, a transitoriedade pode ser da própria empresa, com existência limitada no tempo, tendo em vista os fins a que se destina, tal como sucede, por exemplo, na hipótese de uma empresa constituída visando, exclusivamente, à construção de um viaduto; os seus empregados poderão ser contratados por prazo determinado, desde que obedecido o prazo máximo de duração da avença.

Nenhum desses contratos poderá ultrapassar o prazo máximo de dois anos, embora, dentro desse período, caiba uma única prorrogação. Havendo mais de uma prorrogação ou excedido o prazo máximo de dois anos, convola-se o ajuste a termo em contrato por prazo indeterminado.

No que pertine à sucessividade de contratos, deve ser reiterado o que foi dito *supra* sobre os contratos por obra certa, salientando-se que somente nas hipóteses de execução de serviços especializados ou de realização de certos acontecimentos (art. 452, parte final, da CLT) é que é possível a celebração sucessiva de contratos por prazo determinado, dentro de seis meses, sem que referidos ajustes sejam modificados para contrato por prazo indeterminado.

4.1.4. Contrato por tempo determinado

Constitui-se espécie de contrato por prazo certo, cuja finalidade é a absorção pelas empresas de pessoal desempregado, de modo que represente um acréscimo no número de empregados em relação ao quadro de pessoal permanente.

O número de contratados em caráter provisório não pode ultrapassar os percentuais previstos em lei, calculados sobre a média aritmética mensal do número de empregados contratados por prazo indeterminado nos seis meses imediatamente anteriores à data da publicação da lei.

Como contraprestação à referida contratação de provisórios, as empresas recebem benefícios de quatro ordens: redução dos encargos sociais correspondentes às contribuições devidas ao sistema "S", seguro de acidente de trabalho e salário-educação; redução da contribuição para o FGTS; fixação em norma coletiva da indenização por rescisão antecipada; e possibilidade de negociação via instrumento coletivo de multas por descumprimento contratual.

4.1.5. Contrato de aprendizagem

É um contrato individual de emprego, tendo por fim principal ministrar instrução geral compatível com o ofício escolhido, beneficiando-se de seu resultado o trabalhador. É *"o contrato de trabalho especial, ajustado por escrito e por prazo determinado, em que o empregador se compromete a assegurar ao maior de 14 (quatorze) e menor de 24 (vinte e quatro) anos inscrito em programa de aprendizagem formação técnico-profissional metódica, compatível com o seu desenvolvimento físico, moral e psicológico, e o aprendiz, a executar com zelo e diligência as tarefas necessárias a essa formação"*.

4.1.6. Contrato temporário

Permite a Lei n. 6.019/74 que uma empresa, denominada tomadora, celebre com outra empresa, chamada fornecedora, contrato de trabalho temporário, a ser prestado por pessoa física, para atender a *"necessidade transitória de substituição de seu pessoal regular e permanente"* ou a *"acréscimo extraordinário de serviços"*.

Um dos dois motivos indicados na lei deve constar expressamente do contrato, que é obrigatório e por escrito, entre a tomadora e a fornecedora.

Em relação a um mesmo trabalhador, o prazo máximo de duração do pacto entre a tomadora e a fornecedora é de 90 dias, salvo autorização do Ministério do Trabalho. A inobservância dos requisitos de forma e fundo fazem com que o contrato de trabalho temporário se desnature, transformando-se em pacto por prazo indeterminado, nos termos do art. 3º da CLT.

4.1.7. Contrato de estágio

O contrato de estágio é do tipo solene e pressupõe o preenchimento de variados requisitos, uns de ordem objetiva e outros de veio subjetivo.

Os elementos objetivos consistem nos seguintes: estar o estagiário comprovadamente frequentando cursos de educação superior, de ensino médio, de educação profissional de nível médio ou superior ou escolas de educação especial; necessidade de termo de compromisso firmado entre a empresa e o estagiário, com a interveniência obrigatória da entidade de ensino; obrigatoriedade de realização de seguro de acidentes pessoais em favor do estudante; pagamento de bolsa ou outra forma de contraprestação.

Já os subjetivos balizam-se nos seguinte: o estágio deve cumprir seu objetivo principal, qual seja o de complementar o ensino recebido pelo estudante, com treinamento prático, de aperfeiçoamento técnico-cultural, científico e de relacionamento humano; e vinculação entre o currículo escolar e o do estágio.

Nesse passo, impende salientar que a ausência de pelo menos um dos citados pressupostos conduz à descaracterização do indigitado contrato, transmudando-se o estágio em autêntica relação de emprego.

A finalidade do contrato de estágio reside em propiciar ao estudante aprendizado social, profissional e cultural, pela participação em situações reais de vida e trabalho de seu meio.

A relação travada com o estagiário, embora apresente, do ponto de vista técnico, todos os requisitos ínsitos à relação de emprego, não possui tal natureza por imposição legal, de matriz pedagógica e educacional.

5. Direitos e obrigações — empregado e empregador

As relações estabelecidas entre trabalhador e empregador são de índole pessoal, baseadas na confiança e na boa-fé das partes. Numa primeira análise, diz-se que em uma relação os dois lados têm direitos e obrigações. O principal direito do trabalhador é que lhe seja paga a retribuição acordada e o principal direito do empregador é que o trabalhador preste de forma zelosa a função para a qual foi contratado.

5.1. Remuneração

Remuneração é o valor pago como contraprestação dos serviços prestados pelo empregado, denominado salário, incluindo comissões, gorjetas, percentagens, gratificações ajustadas, diárias para viagem que excedam 50% do salário e abonos.

No Brasil, o salário não poderá ser inferior ao salário-mínimo. Algumas categorias, como engenheiros, químicos, agrônomos, arquitetos etc., têm um salário mínimo, também chamado de salário profissional, determinado por lei específica, com valor maior que o salário-mínimo.

O pagamento do salário, qualquer que seja a modalidade de trabalho, não deve ser estipulado por período superior a um mês, salvo no que concerne a comissões, percentagens e gratificações, devendo ser pago mensal, quinzenal, semanal ou diariamente, por peça ou tarefa. O limite máximo exigido por lei para pagamento da remuneração é o quinto dia útil, subsequente ao vencido, se o pagamento for mensal, ou o quinto dia subsequente, quando o pagamento for semanal ou quinzenal.

Importante destacar a obrigatoriedade do registro da remuneração dos empregados em folha de pagamento, que poderá ser feito à mão ou por meio de procedimentos eletrônicos, discriminando a remuneração e os descontos praticados mensalmente para cada empregado.

5.2. Contrato de Trabalho

Haverá contrato de trabalho sempre que uma pessoa física, de forma tácita ou expressa, se obrigar a realizar atos, executar obras ou prestar serviços para outra e sob dependência desta, durante um período determinado ou indeterminado de tempo, mediante pagamento de uma remuneração.

A Lei n. 12.551/2011, admitindo relação de emprego em prestação de serviços prestados à distância, alterou a redação do art. 6º da CLT, que passou a ter a seguinte redação, "não se distingue entre o trabalho realizado no estabelecimento do empregador, o executado no domicílio do empregado e o realizado a distância, desde que estejam caracterizados os pressupostos da relação de emprego." E ainda foi acrescentado o parágrafo único ao referido artigo, prevendo que "os meios telemáticos e informatizados de comando, controle e supervisão se equiparam, para fins de subordinação jurídica, aos meios pessoais e diretos de comando, controle e supervisão do trabalho alheio".

Assim, se o trabalhador prestar serviços a distância, por meio de sistemas informatizados, mas estiverem presentes os requisitos do art. 3º da CLT, haverá relação de emprego entre as partes.

Esclarecemos que toda relação de emprego é de trabalho, mas nem toda relação de trabalho é de emprego. Deve-se entender como relação de emprego aquela dotada de subordinação, não eventualidade, onerosidade e pessoalidade. A importância desta definição reside no fato da existência de outros contratos de trabalho, não albergados pelo Direito Trabalhista, nos quais se encontram insertos os trabalhadores autônomos, os eventuais, os servidores públicos estatutários e os estagiários.

Seguindo este raciocínio, temos os contratos de trabalho, que se assemelham aos contratos de emprego, em que estão incluídos, por exemplo, os contratos de prestação de serviços (trabalho autônomo e eventual); os contratos de empreitada; os contratos de mandato; os contratos de corretagem e os contratos de sociedade, que não são regidos pela legislação trabalhista, mas civil.

O contrato de empreitada, regulado nos arts. 610 e seguintes do Código Civil, distingue-se do contrato de emprego em razão, sobretudo, da índole autônoma do trabalho prestado.

Merece abordagem, ainda, o contrato de mandato (Arts. 653 e seguintes do Código Civil), que difere do contrato de emprego em função da ausência de onerosidade, da sua autonomia e em face da possibilidade de revogação unilateralmente.

Além dos contratos acima mencionados, podemos, ainda, elencar os contratos de comissão, de agência e distribuição, de corretagem e de transporte, todos eles satisfatoriamente especificados nos arts. 693 a 756 do Novo Código Civil. Embora tais contratos se aproximem do contrato de emprego, dele se diferenciam por estar ausente pelo menos um dos seus elementos caracterizadores.

5.3. Férias

A legislação trabalhista brasileira determina que após cada período de 12 meses de vigência do contrato de trabalho (período aquisitivo), o empregado terá direito ao gozo de um período de férias, sem prejuízo da remuneração, na seguinte proporção:

a) 30 (trinta) dias corridos, quando não houver faltado ao serviço mais de 5 (cinco) vezes;

b) 24 (vinte e quatro) dias corridos, quando houver tido de 6 (seis) a 14 (quatorze) faltas;

c) 18 (dezoito) dias corridos, quando houver tido de 15 (quinze) a 23 (vinte e três) faltas;

d) 12 (doze) dias corridos, quando houver tido de 24 (vinte e quatro) a 32 (trinta e duas) faltas.

As férias deverão ser concedidas nos 12 meses subsequentes ao período aquisitivo, chama-se este período de "período concessivo", não o fazendo, sujeita-se o empregador ao pagamento em dobro da respectiva remuneração.

Caso ocorra afastamento do empregado, decorrente de concessão pelo INSS de auxílio-doença, previdenciário ou acidentário, por mais de 6 meses, contínuos ou descontínuos, o empregado perderá o direito às férias.

Perderá também o direito a férias, o empregado que permanecer em gozo de licença remunerada, isto é, afastar-se com percepção de salários, por mais de 30 dias; aquele que se afastar em função de paralisação total ou parcial dos serviços da empresa, por mais de 30 dias, com percepção de salário; e ainda, o empregado que, no curso do período aquisitivo, deixar o emprego, não sendo readmitido em 60 dias de sua saída.

A remuneração a ser paga ao empregado no período de férias deverá ser acrescida de 1/3 do valor do salário, e será paga dois dias úteis antes do início das férias. Ressaltamos que é permitido ao empregado vender até 10 dias de suas férias.

É permitida, em casos excepcionais, a concessão das férias de forma fracionada, desde que um dos períodos não seja inferior a 10 (dez) dias corridos. Para as férias coletivas, estas serão concedidas em dois períodos, dentro da mesma regra de que nenhum deles poderá ser inferior a dez dias corridos. Aos menores de 18 anos e aos maiores de 50 anos de idade, as férias serão sempre concedidas de um só vez.

5.4. 13º Salário

O ordenamento jurídico brasileiro estabelece o pagamento de décimo terceiro salário ou gratificação natalina correspondente ao valor da remuneração integral.

O décimo terceiro salário deve ser pago em duas parcelas. A primeira será paga entre os meses de fevereiro e novembro de cada ano e a segunda até o dia 20 de dezembro.

No pagamento da primeira parcela, deve-se fazer o recolhimento do FGTS até o dia sete do mês subsequente. Ressaltamos que sobre esta primeira parcela não incidirá o Imposto de Renda nem INSS.

A segunda parcela do décimo terceiro salário deverá ser paga até o dia 20 de dezembro, descontando-se o INSS.

Integram o décimo terceiro salário as horas extras prestadas habitualmente, serviço suplementar habitualmente prestado, adicional noturno, adicional de periculosidade e de insalubridade, descanso semanal remunerado, gratificação periódica, gorjetas recebidas, comissões, percentagens, gratificações ajustadas, diárias para viagens (excedentes a 50% do salário recebido pelo empregado, e abonos pagos pelo empregador.

5.5. Fundo de Garantia do Tempo de Serviço — FGTS

O Fundo de Garantia do Tempo de Serviço — FGTS é formado por depósitos mensais, efetuados pelas empresas em conta bancária vinculada na Caixa Econômica Federal, em nome de seus empregados, no valor equivalente ao percentual de 8% das remunerações que lhes são pagas ou devidas, lembrando que, em se tratando de contrato de temporário de trabalho com tempo determinado, o percentual é de 2%.

O FGTS constitui-se em um pecúlio, disponibilizado quando da aposentadoria ou morte do trabalhador, e representa uma garantia para a indenização do tempo de serviço, nos casos de demissão imotivada.

Além de ampliar o direito indenizatório do trabalhador, que pode, ao final do tempo útil de atividade, contar com o valor acumulado dos depósitos feitos em seu nome, o sistema também o favorece de forma indireta, ao proporcionar condições necessárias à formação de um fundo de aplicações, voltado para o financiamento de habitações, assim como para investimentos em saneamento básico e infraestrutura urbana.

O FGTS é recolhido pelas empresas por meio da GFIP — Guia de Recolhimento do Fundo de Garantia do Tempo de Serviço e Informações à Previdência Social, que é gerada pelo SEFIP — Sistema Empresa de Recolhimento do FGTS e informações à Previdência Social, disponibilizado na internet nos endereços eletrônicos www.previdencia.gov.br e www.caixa.gov.br.

A GFIP deverá ser apresentada mensalmente, através de transmissão pela internet, por meio do aplicativo Conectividade Social, disponibilizado pela Caixa Econômica Federal, até o sétimo dia do mês subsequente ao mês de ocorrência dos fatos geradores ou no dia útil imediatamente anterior, caso o dia 7 seja dia não útil.

O atraso no recolhimento do FGTS dos seus empregados sujeitará a empresa ao pagamento de multa e juros.

O FGTS pode ser sacado por seu titular em inúmeras hipóteses legalmente tipificadas. Do ponto de vista trabalhista, destacamos os saques vinculados à terminação do contrato de trabalho, tais como, dispensa sem justa causa, rescisão indireta, ruptura por culpa recíproca, término contratual em face de extinção da empresa ou do estabelecimento, fim do contrato por morte do obreiro etc. Ressaltamos que o saque do FGTS poderá ocorrer por diversas outras hipóteses, inclusive durante o curso do contrato de trabalho, sem qualquer vinculação a essa natureza rescisória.

Em caso de pedido de demissão ou dispensa por justa causa o obreiro não terá direito ao levantamento do FGTS, mas não perderá a titularidade de seu patrimônio.

Ocorrerá a incidência do acréscimo de 40% sobre o montante total do Fundo de Garantia, nos casos de dispensa sem justa causa, ou se tratando de tipos de ruptura a esta equiparadas (como a extinção do estabelecimento, por exemplo), ou, ainda, no caso de rescisão indireta (culpa do empregador). Se a dispensa tiver ocorrido por culpa recíproca ou fator de força maior, judicialmente reconhecidos, o acréscimo será reduzido à metade.

Nos casos de extinção de contratos a prazo em seu termo final prefixado, ou de extinção contratual em virtude de aposentadoria voluntária do obreiro, o FGTS poderá ser levantado, mas não incidirá o acréscimo rescisório.

6. CESSAÇÃO DO CONTRATO DE TRABALHO

O fim da relação de trabalho quando há anotação da CTPS pode ocorrer principalmente:

a) **Resolução do Contrato**: é uma forma que cabe à parte usar para pôr fim ao contrato por via judicial. Podemos entender que ocorre quando o empregado pede na Justiça o fim do contrato, podendo ser utilizado o art. 483 da CLT.

b) **Resilição do Contrato**: é a declaração de vontade de uma das partes, ou de ambas, para pôr fim ao contrato de forma convencional. Exemplo: a despedida sem justa causa, o pedido de demissão e o término do contrato por prazo determinado.

c) **Rescisão do Contrato**: é a forma de pôr fim ao contrato em razão de lesão contratual. Forma-se pelo descumprimento das partes, recíproco ou não, sendo válidos os arts. 482 e 483 da CLT.

d) **Cessação do Contrato**: é o fim da relação contratual por motivo de morte. Isso pode ocorrer sendo empregado ou empregador.

Na prática, denominamos as hipóteses descritas acima como **rescisão**, ou seja, significa dizer que o contrato de trabalho chegou ao fim independente do motivo.

Em havendo o fim do contrato de trabalho, a empresa deverá verificar se foi há mais ou há menos de um ano. No momento da rescisão deve-se liquidar as verbas trabalhistas que deverão ser quitadas e descontadas cumprindo-se os direitos e obrigações legais.

O instrumento de rescisão denominado TRCT, qualquer que seja a causa ou forma de dissolução do contrato, deve ter especificada a natureza de cada parcela paga ao empregado e discriminado o seu valor, bem como os seus respectivos descontos legais, sendo válida a quitação, apenas quanto às verbas descritas no TRCT (Termo de Rescisão do Contrato de Trabalho).

As verbas rescisórias que são pagas no momento da rescisão contratual (TRCT) por leis instituídas são, em regra, saldo de salário, férias, décimos terceiros, FGTS, aviso-prévio, dentre outras, devendo ser analisados a forma de rescisão contratual e os ajustes contratuais firmados entre as partes.

Com relação aos descontos que poderão ser efetuados no TRCT, em regra, são: contribuição previdenciária, imposto de renda, pensão alimentícia, contribuição sindical, vale-transporte, pois instituídos por força de lei. Outros descontos como, por exemplo, vale-refeição, assistência médica, cesta básica, seguro de vida, danos etc., devem possuir autorização por escrito do empregado para que possam ser realizados. Por isso muito importante a elaboração do contrato de trabalho e o Regimento Interno das empresas.

A rescisão deve ser sempre pré-avisada, tanto pelo empregador como pelo empregado, o que é denominado em nossa legislação como aviso--prévio, sob pena de a parte que der causa à rescisão contratual ter que indenizar a outra no valor correspondente à última remuneração percebida pelo empregado.

Com a edição da Lei n. 12.506/11, que veio regulamentar o inciso XXI do art. 7º da Constituição Federal, a partir de 13 de outubro de 2011, o aviso-prévio passou a ser de 30 (trinta) dias, como já era anteriormente, para trabalhadores que contem até 01 (um) ano de serviço na mesma empresa. A cada ano subsequente, terá direito a mais 03 (três) dias, até o limite máximo de aviso-prévio total de 90 (noventa) dias, aí já contado o mínimo de 30 dias e os dias subsequentes decorrentes do tempo de serviço. Dessa forma, para que não pairem dúvidas, esclarecemos que, nos termos da Lei, o prazo não será sempre de 90 (noventa) dias, sendo este o prazo máximo. Ou seja, o aviso-prévio terá prazo mínimo de 30 (trinta) dias e prazo máximo de 90 (noventa) dias.

Por exemplo, um empregado que tenha 5 anos de trabalho na empresa, terá direito ao aviso-prévio de 45 dias, ou seja, 30 dias pelo período mínimo e mais 15 dias pelo tempo de serviço (5 anos x 3 dias por ano).

Além disso, algumas Normas Coletivas de algumas categorias já preveem esse aviso-prévio proporcional ao tempo de serviço, superior aos 30 dias constitucionalmente previstos.

Ocorrendo atraso no pagamento da rescisão, deverá a empresa pagar multa para o empregado, correspondente à última remuneração paga ao empregado, salvo se o atraso ocorrer por culpa exclusiva do empregado e desde que seja robustamente comprovado.

Há situações que se desenvolvem, quando do pagamento da rescisão, que impossibilitam a forma de crédito para o credor ex-empregado (ordem de pagamento, depósito em dinheiro em conta corrente ou poupança) e surge a questão de como agir nesses casos.

Em tais casos a empresa poderá valer-se da Ação de Consignação em Pagamento, para que o depósito seja realizado no juízo trabalhista em nome do ex-empregado, até a data limite originalmente prevista na CLT, cumprindo a exigência do prazo e evitando o pagamento de multa.

Um exemplo disso é quando o empregado vem a falecer, nesse caso, o pagamento da rescisão se dá no prazo de até 10 (dez) dias da data do óbito pela impossibilidade de se aplicar o aviso-prévio.

No caso de morte a principal dúvida é a quem se deve pagar e quem tem direito ao crédito rescisório. Nesses casos, a Ação de Consignação em Pagamento é o meio mais seguro de resolver a questão, eis que decisão será tomada pelo juiz do trabalho e a homologação do TRCT será judicial. Tal medida é necessária, pois aquele que paga mal corre o risco de pagar duas vezes.

7. Homologação da rescisão

São competentes para prestar a assistência ao empregado na rescisão do contrato de trabalho, nos termos do art. 6º da Instrução Normativa STR/MTE n. 15/2010:

> (i) o sindicato profissional da categoria; e (ii) a autoridade local do Ministério do Trabalho e Emprego. Em caso de categoria inorganizada em sindicato, a assistência será prestada pela federação respectiva. Na falta das entidades sindicais ou da autoridade local, são competentes: (i) o representante do Ministério Público ou, onde houver, o Defensor Público; e (ii) o Juiz de Paz.

A assistência será prestada, preferencialmente, pela entidade sindical, reservando-se aos órgãos locais do Ministério do Trabalho e Emprego o atendimento aos trabalhadores nos seguintes casos: (i) categoria que não tenha representação sindical na localidade; (ii) recusa do sindicato na prestação da assistência; e (iii) cobrança indevida pelo sindicato para a prestação da assistência.

Inexistindo declaração escrita pelo sindicato do motivo da recusa, caberá ao empregador ou seu representante legal, no ato da assistência, consignar a observância da preferência prevista acima e os motivos da oposição da entidade sindical, no verso das 4 (quatro) vias do Termo de Rescisão de Contrato de Trabalho.

Constatada a ocorrência de cobrança indevida do sindicato laboral para prestação da assistência na homologação, deverá o Ministério do Trabalho e Emprego comunicar o Sindicato Laboral quanto a prática irregular, bem como o Sindicato poderá ser condenado a restituir os valores cobrados indevidamente em ação própria movida pelas partes interessadas.

Em função da proximidade territorial, poderão ser prestadas assistências em circunscrição diversa do local da prestação dos serviços ou da celebração do contrato de trabalho, desde que autorizadas por ato conjunto dos respectivos Superintendentes Regionais do Trabalho, conforme previsão do art. 7º da Instrução Normativa n. 15/2010.

Vale destacar ainda, que o enquadramento sindical de um trabalhador será estabelecido a partir da atividade preponderante desenvolvida pelo empregador e não pela natureza das atribuições por ele desempenhadas na empresa, salvo quanto à categoria profissional diferenciada em consonância com os arts. 511, § 2º, 570 e 577 da CLT.

8. Estabilidade Provisória

No pedido de demissão de empregado estável, nos termos do art. 500 da CLT, e no pedido de demissão de empregado amparado por garantia provisória de emprego, a assistência somente poderá ser prestada pelo sindicato profissional ou federação respectiva na sua falta, pela autoridade do Ministério do Trabalho e Emprego ou da Justiça do Trabalho.

9. Da Segurança e Medicina do Trabalho

Segurança do Trabalho é o conjunto de medidas técnicas, educacionais e psicológicas, empregadas para prevenir acidentes, quer eliminando as condições inseguras do ambiente quer instruindo ou convencendo as pessoas da implantação de práticas preventivas.

Atualmente, existem 34 Normas Regulamentadoras de Segurança e Saúde no Trabalho relacionadas aos diversos setores produtivos. As Normas Regulamentadoras — NR, relativas à segurança e medicina do trabalho, são de observância obrigatória pelas empresas privadas e públicas e pelos órgãos públicos da administração direta e indireta, bem como pelos órgãos dos Poderes Legislativo e Judiciário, que possuam empregados regidos pela Consolidação das Leis do Trabalho — CLT.

Todo estabelecimento novo, antes de iniciar suas atividades, deverá solicitar aprovação de suas instalações ao órgão regional do Ministério do Trabalho.

Assim, considerando os altos riscos inerentes às atividades da construção civil e a dificuldade do setor, especialmente para as pequenas e médias empresas, em adotar normas de segurança, necessário se faz uma assessoria jurídica permanente para acompanhamento de toda implantação de medidas obrigatórias mediante um *check list* para o setor, a partir dos requisitos da NR-18 e outras normas, que seja de fácil utilização, contribuindo, assim, para a segurança e saúde dos trabalhadores, bem como para a viabilidade econômica do empreendimento.

Com relação à construção civil destacam-se a NR 4, NR 5, NR 6 e principalmente NR 18. A indústria da construção civil apresenta uma série de peculiaridades que fazem com que seus problemas com segurança na maioria das vezes sejam maiores que em outros setores, tanto é assim, que as atividades da construção civil, via de regra, são tidas como das mais perigosas, sendo atribuído o grau de risco 4 (NR 4).

A Norma Regulamentadora NR 4 (Serviços Especializados em Engenharia de Segurança e em Medicina do Trabalho — SESMT) tem como objetivo promover a saúde e a integridade do trabalhador no local de trabalho. Regulamenta, ainda, os serviços especializados em engenharia de segurança e medicina do trabalho, norteia a elaboração de planos de controle de saúde e segurança.

Para melhor resultado do empreendimento, deve-se dar muita atenção ao projeto e planejamento do mesmo, visto que as decisões tomadas nessas etapas são fundamentais para o seu sucesso, considerando, entre outros, os aspectos relacionados à segurança. O planejamento das medidas de segurança a serem adotadas é decisivo na redução dos custos envolvidos.

A NR 5, por sua vez, trata da Comissão Interna de Prevenção de Acidentes — CIPA, que tem como objetivo a prevenção de acidentes e doenças decorrentes do trabalho para tornar compatível permanentemente o trabalho com a preservação da vida e promoção da saúde do trabalhador, que, em regra, devem ser instituídas por todas as empresas que possuam acima de 19 (dezenove) empregados.

E no caso dos canteiros de obras? É necessário implantar CIPA?

A NR 18 em seu item 18.33.1 fala da necessidade de criação de CIPA centralizada nas empresas que possuírem na mesma cidade um ou mais canteiros de obras. O item 18.33.1 preconiza que a CIPA centralizada será composta pelos representantes dos empregados e empregadores devendo ter pelo menos um representante titular e um suplente para um grupo de até 50 empregados.

A NR 6 estabelece a obrigatoriedade dos equipamentos de proteção individual (EPI) que são todo dispositivo ou produto, de uso individual, utilizado pelo trabalhador, destinado à proteção de riscos suscetíveis de ameaçar à segurança e à saúde no trabalho. No ramo da construção civil dividem-se em proteção para a cabeça, proteção para o tronco, proteção para os braços e mãos, proteção para as pernas e pés e cintos de segurança.

A NR 18 tem como objetivo estabelecer diretrizes de ordem administrativa, de planejamento e de organização que objetivam a implementação de medidas de controle e sistemas preventivos de segurança nos processos, nas condições e no meio ambiente de trabalho na Indústria da Construção. Esta norma contempla claramente a importância dos aspectos gerenciais e de proteção em todos os ambientes de trabalho.

Caso não observadas as normas de segurança e medicina do trabalho pelas empresas poderá haver embargo e interdição da obra, que são medidas de urgência, adotadas a partir da constatação de situação de trabalho que caracterize risco grave e iminente ao trabalhador, assim caracterizado, risco grave e iminente de toda condição ou situação de trabalho que possa causar acidente ou doença relacionada ao trabalho com lesão grave à integridade física do trabalhador (NR 3).

Assim, é de extrema relevância que as empresas do ramo da construção civil se adéquem às normas de segurança e medicina do trabalho para evitar passivos trabalhistas e também previdenciários, já que, hoje, se comprovada a culpa da empresa no acidente de trabalho (ex. falta de fornecimento do EPI ou ainda falta de utilização do EPI pelo empregado, ainda que este tenha recebido) o INSS pode entrar com ação de regresso e, uma vez comprovada a culpa (por ação ou omissão), a empresa poderá ser condenada a pagar pensão vitalícia a um empregado.

10. DAS COTAS ESPECIAIS OBRIGATÓRIAS

10.1. APRENDIZAGEM

O **aprendiz** é o maior de 14 (quatorze) anos e menor de 24 (vinte e quatro) anos que celebra contrato de aprendizagem, sendo este contrato de trabalho especial, ajustado por escrito e por prazo determinado, em que o empregador se compromete a assegurar ao aprendiz inscrito em programa de aprendizagem formação técnico-profissional metódica, compatível com o seu desenvolvimento físico, moral e psicológico, e o aprendiz, a executar com zelo e diligência as tarefas necessárias a essa formação. Contudo, a idade máxima prevista (24 anos) não se aplica a aprendizes portadores de deficiência. O prazo de duração do contrato de aprendizagem não poderá ser superior a 2 (dois) anos, exceto quando se tratar de aprendiz com deficiência.

Ressalte-se que a **validade do contrato** de aprendizagem pressupõe anotação na Carteira de Trabalho e Previdência Social, matrícula e frequência do aprendiz à escola, caso não haja concluído o ensino fundamental, e inscrição em programa de aprendizagem desenvolvido sob a orientação de entidade qualificada em formação técnico-profissional metódica, caso contrário o descumprimento destas disposições legais e regulamentares importará a nulidade do contrato de aprendizagem, estabelecendo-se o vínculo empregatício diretamente com o empregador responsável pelo cumprimento da cota de aprendizagem.

Deste modo, a **Legislação** que regulamenta a contratação de aprendizes (Decreto n. 5.598 de 1º de dezembro de 2005; Instrução Normativa SIT n. 75, de 8 de maio de 2009) prevê que os estabelecimentos de qualquer natureza, que tenham pelo menos 7 (sete) empregados, são **obrigados** a contratar aprendizes e matriculá-los nos cursos oferecidos pelos Serviços Nacionais de Aprendizagem, **sendo o número de aprendizes equivalente a cinco por cento, no mínimo, e quinze por cento, no máximo**, dos trabalhadores existentes em cada estabelecimento, cujas funções demandem formação profissional, independentemente de serem proibidas para menores de dezoito anos. No caso de empresas que prestem serviços especializados para terceiros, independentemente do local onde sejam executados, os empregados serão incluídos na base de cálculo da prestadora, exclusivamente.

Todavia, ficam **excluídas** as funções que demandem, para o seu exercício, habilitação profissional de nível técnico ou superior, ou, ainda, as funções que estejam caracterizadas como cargos de direção, de gerência ou de confiança, os gerentes, assim considerados os exercentes de cargos de gestão, aos quais se equiparam, para efeito do disposto neste artigo, os diretores e chefes de departamento ou filial. Excluem-se, ainda, aqueles cujo salário do cargo de confiança, compreendendo a gratificação de função, se houver, for inferior ao valor do respectivo salário efetivo acrescido de 40% (quarenta por cento) e exercem funções de direção, gerência, fiscalização, chefia e equivalentes, ou que desempenhem outros cargos de confiança, desde que o valor da gratificação não seja inferior a um terço do salário do cargo efetivo. Ficam excluídos da base de cálculo os empregados que executem os serviços prestados sob o regime de trabalho temporário, entendendo-se como empresa de trabalho temporário a pessoa física ou jurídica urbana, cuja atividade consiste em colocar à disposição de outras empresas, temporariamente, trabalhadores, devidamente qualificados, por elas remunerados e assistidos, bem como os aprendizes já contratados.

Vale ressaltar que **estão dispensadas** do cumprimento da cota de aprendizagem, nos termos da lei:

a) as microempresas e empresas de pequeno porte, inclusive as optantes pelo Regime Especial Unificado de Arrecadação de Tributos e contribuições devidos pelas Microempresas e Empresas de Pequeno Porte — SIMPLES NACIONAL;

b) entidades sem fins lucrativos que tenham por objetivo a assistência ao adolescente e à educação profissional, registradas no Conselho Municipal dos Direitos da Criança e do Adolescente e contratem aprendizes pela empresa onde se realizará a aprendizagem, caso em que não gera vínculo de emprego com a empresa tomadora dos serviços.

A **contratação** de aprendizes deverá atender, prioritariamente, os adolescentes entre quatorze e dezoito anos, exceto quando:

a) as atividades práticas da aprendizagem ocorrerem no interior do estabelecimento, sujeitando os aprendizes à insalubridade ou à periculosidade, sem que se possa elidir o risco ou realizá-las integralmente em ambiente simulado;

b) a lei exigir, para o desempenho das atividades práticas, licença ou autorização vedada para pessoa com idade inferior a dezoito anos; e

c) a natureza das atividades práticas for incompatível com o desenvolvimento físico, psicológico e moral dos adolescentes aprendizes.

No entanto, a aprendizagem para as atividades relacionadas acima deverá ser ministrada para **jovens de dezoito a vinte e quatro anos**. Ainda que a empresa possua ambiente e/ou funções perigosas, insalubres ou penosas, é compulsória a contratação dos jovens na faixa etária acima indicada, sendo-lhes garantida a percepção do adicional respectivo relativamente às horas de atividades práticas.

A **jornada de trabalho** do aprendiz deve obedecer aos seguintes parâmetros:

a) 6 horas diárias, no máximo, para os que ainda não concluíram o ensino fundamental, computadas as horas destinadas às atividades teóricas e práticas, cuja proporção deverá estar prevista no contrato;

b) 8 horas, no máximo, para os que concluíram o ensino fundamental, computadas as horas destinadas às atividades teóricas e práticas, cuja proporção esteja prevista no contrato, não sendo permitido uma jornada diária de 8 horas somente com atividades práticas executadas na empresa.

Em nenhuma hipótese é permitida a compensação ou prorrogação do horário de trabalho do aprendiz.

Ainda que a empresa execute algumas atividades em **horário noturno** (entre 22hs e 5hs) é proibido o trabalho do aprendiz menor de 18 anos neste turno, com exceções dos maiores de 18 anos e menores de 24 anos, sendo-lhes assegurado o pagamento do adicional noturno.

No que tange o **salário do aprendiz**, é garantido o salário-mínimo--hora, considerando para tal fim: (i) O valor do salário-mínimo nacional; (ii) O valor do salário mínimo regional fixado em lei; (iii) O piso da categoria previsto em instrumento normativo, quando houver previsão de aplicabilidade ao aprendiz; e (iv) O valor pago por liberalidade do empregador. **Em qualquer hipótese, será preservada a condição mais benéfica ao aprendiz.**

As convenções e acordos coletivos apenas estendem suas cláusulas sociais ao aprendiz quando expressamente previsto e desde que não excluam ou reduzam o alcance dos dispositivos tutelares que lhes são aplicáveis.

É assegurado ao aprendiz o direito ao benefício do **vale-transporte** para o deslocamento residência-empresa-residência ou residência-instituição de aprendizagem-residência. Se no mesmo dia o aprendiz realizar o trajeto para a empresa e para a instituição de aprendizagem, a empresa deverá fornecer a quantidade de vales-transportes suficientes para todo o percurso.

A **Contribuição ao Fundo de Garantia do Tempo de Serviço** corresponderá a 2% (dois por cento) da remuneração paga ou devida, no mês anterior, ao aprendiz.

O período de **férias** do aprendiz deve estar definido no programa de aprendizagem, observando o seguinte:

a) as férias do aprendiz com idade inferior a 18 (dezoito) anos devem coincidir, **obrigatoriamente**, com um dos períodos de férias escolares, sendo proibido o fracionamento destas férias;

b) as férias do aprendiz com idade igual ou superior a 18 (dezoito) anos devem coincidir, **preferencialmente**, com as férias escolares.

O contrato de aprendizagem extinguir-se-á no seu termo ou quando o aprendiz completar 24 (vinte e quatro anos), **exceto na hipótese de aprendiz deficiente**, ou, ainda, antecipadamente, nas seguintes hipóteses:

a) desempenho insuficiente ou inadaptação do aprendiz, comprovado por meio de laudo de avaliação elaborado pela entidade executora da aprendizagem, a quem cabe a sua supervisão e avaliação, após a consulta ao estabelecimento onde realiza a aprendizagem;

b) falta disciplinar grave, nos termos do art. 482 da CLT[1];

c) ausência injustificada à escola que implique perda do ano letivo, comprovada através de declaração do estabelecimento de ensino;

---

1   Art. 482. Constituem justa causa para rescisão do contrato de trabalho pelo empregador: a) ato de improbidade; b) incontinência de conduta ou mau procedimento; c) negociação habitual por conta própria ou alheia sem permissão do empregador, e quando constituir ato de concorrência à empresa para a qual trabalha o empregado, ou for prejudicial ao serviço; d) condenação criminal do empregado, passada em julgado, caso não tenha havido suspensão da execução da pena; e) desídia no desempenho das respectivas funções; f) embriaguez habitual ou em serviço; g) violação de segredo da empresa; h) ato de indisciplina ou de insubordinação; i) abandono de emprego; j) ato lesivo da honra ou da boa fama praticado no serviço contra qualquer pessoa, ou ofensas físicas, nas mesmas condições, salvo em caso de legítima defesa, própria ou de outrem; k) ato lesivo da honra e boa fama ou ofensas físicas praticadas contra o empregador e superiores hierárquicos, salvo em caso de legítima defesa, própria ou de outrem; l) prática constante de jogos de azar.

d) a pedido do aprendiz; e

e) fechamento da empresa em virtude de falência, encerramento das atividades da empresa e morte do empregador constituído em empresa individual, hipóteses em que o aprendiz terá direito, além do recebimento das verbas rescisórias, a título de indenização a remuneração a que teria direito até o final do contrato.

Neste último caso, o aprendiz ainda terá direito ao **Seguro-desemprego**, desde que sejam atendidos os requisitos legais abaixo indicados:

a) ter recebido salários de pessoa jurídica ou pessoa física a ela equiparada, relativos a cada um dos 6 (seis) meses imediatamente anteriores à data da dispensa;

b) ter sido empregado de pessoa jurídica ou pessoa física a ela equiparada ou ter exercido atividade legalmente reconhecida como autônoma, durante pelo menos 15 (quinze) meses nos últimos 24 (vinte e quatro) meses;

c) não estar em gozo de qualquer benefício previdenciário de prestação continuada, previsto no Regulamento dos Benefícios da Previdência Social, excetuado o auxílio-acidente e o auxílio suplementar previstos na Lei n. 6.367, de 19 de outubro de 1976, bem como o abono de permanência em serviço previsto na Lei n. 5.890, de 8 de junho de 1973;

d) não estar em gozo do auxílio-desemprego; e

e) não possuir renda própria de qualquer natureza suficiente a sua manutenção e a de sua família.

10.2. PCD'S

Segundo a Convenção sobre os Direitos das Pessoas com Deficiência e de seu Protocolo Facultativo, assinado em Nova Iorque, em 30 de março de 2007 (Decreto Legislativo n. 186 de 2008), as **pessoas com deficiência** são aquelas que têm impedimentos de longo prazo de natureza física, mental, intelectual ou sensorial, os quais, em interação com diversas barreiras, podem obstruir sua participação plena e efetiva na sociedade em igualdade de condições com as demais pessoas.

É considerada pessoa portadora de deficiência a que se enquadra nas seguintes categorias:

a) deficiência física: alteração completa ou parcial de um ou mais segmentos do corpo humano, acarretando o comprometimento da função física, apresentando-se sob a forma de paraplegia, paraparesia, monoplegia, monoparesia, tetraplegia, tetraparesia, triplegia, triparesia, hemiplegia, hemiparesia, ostomia, amputação ou ausência de membro, paralisia cerebral, nanismo, membros com deformidade congênita ou adquirida, exceto as deformidades estéticas e as que não produzam dificuldades para o desempenho de funções;

b) deficiência auditiva: perda bilateral, parcial ou total, de quarenta e um decibéis (dB) ou mais, aferida por audiograma nas frequências de 500HZ, 1.000HZ, 2.000Hz e 3.000Hz;

c) deficiência visual: cegueira, na qual a acuidade visual é igual ou menor que 0,05 no melhor olho, com a melhor correção óptica; a baixa visão, que significa acuidade visual entre 0,3 e 0,05 no melhor olho, com a melhor correção óptica; os casos nos quais a somatória da medida do campo visual em ambos os olhos for igual ou menor que 60º; ou a ocorrência simultânea de quaisquer das condições anteriores;

d) deficiência mental: funcionamento intelectual significativamente inferior à média, com manifestação antes dos dezoito anos e limitações associadas a duas ou mais áreas de habilidades adaptativas, tais como: (i) comunicação; (ii) cuidado pessoal; (iii) habilidades sociais; (iv) utilização dos recursos da comunidade; (v) saúde e segurança; (vi) habilidades acadêmicas; (vii) lazer; e (viii) trabalho;

e) deficiência múltipla: associação de duas ou mais deficiências.

As **pessoas reabilitadas** são aquelas que passaram por processo orientado a possibilitar que adquiram, a partir da identificação de suas potencialidades laborativas, o nível suficiente de desenvolvimento profissional para reingresso no mercado de trabalho e participação na vida comunitária. Há que se atestar tal condição por documentos públicos oficiais, expedidos pelo Instituto Nacional do Seguro Social (INSS) ou órgãos que exerçam função por ele delegada.

Ainda neste tema, há **pessoas com deficiência habilitada**, que são aquelas que concluíram curso de educação profissional de nível básico, técnico ou tecnológico, ou curso superior, com certificação ou diplomação expedida por instituição pública ou privada, legalmente credenciada pelo Ministério da Educação ou órgão equivalente, ou aquelas com certificação de conclusão de processo de habilitação ou reabilitação profissional fornecido pelo INSS.

As **pessoas jurídicas de direito privado, bem como sociedades empresariais, associações, sociedades e fundações que admitem trabalhadores regidos pela CLT, com 100 (cem) ou mais empregados estão obrigadas** a preencher de 2% (dois por cento) a 5% (cinco por cento) dos seus cargos com **beneficiários reabilitados ou pessoas portadoras de deficiência, habilitadas**, na seguinte proporção:

até 200 empregados	2%
de 201 a 500	3%
de 501 a 1.000	4%
de 1.001 em diante	5%

Cabe salientar que, diferentemente do aprendiz, não há limite de idade para o empregado deficiente contratado na condição de aprendiz, podendo ultrapassar os 24 (vinte e quatro) anos de idade.

Concernente à anotação na Carteira de Trabalho e Previdência Social (CTPS) e à formalização do contrato de trabalho do trabalhador com deficiência, aplicam-se as normas gerais prevista na CLT (Consolidação das Leis Trabalhistas).

Todavia, a pessoa deficiente tem direito à **jornada especial de trabalho**, podendo esta ser variável, bem como ao horário flexível e reduzido, com proporcionalidade de salário, ambiente de trabalho adequado às suas especificidades, quando tais procedimentos especiais forem necessários em razão de sue grau de deficiência, com a finalidade de atender às necessidades especiais tais como locomoção, tratamento médico etc.

Não há qualquer diferenciação do **salário** a ser pago ao empregado deficiente, sendo o salário igual ao dos demais empregados que executam a mesma função.

No que se refere à concessão de **vale-transporte**, o empregado portador de deficiência terá direito a este benefício, **salvo** de for detentor de passe livre que o isente do pagamento de passagens, em transporte coletivo, em todo o trecho de deslocamento entre a residência e o local de trabalho.

Não há previsão legal de estabilidade para o empregado portador de deficiência, podendo a rescisão contratual ocorrer sem justa causa, a pedido do empregado, ou até mesmo por justa causa, desde que obedecidos os dispositivos indicados no art. 482 da CLT.

A dispensa de trabalhador reabilitado ou de deficiente habilitado ao final de contrato por prazo determinado de mais de 90 (noventa) dias, e a sem justa causa, no contrato por prazo indeterminado, só poderão ocorrer após a contratação de substituto de condição semelhante.

11. ESPECIFICIDADES DO CONTRATO DE TRABALHO DE ESTRANGEIRO

A legislação brasileira autoriza o acesso ao emprego de cidadãos estrangeiros. Esta autorização está condicionada, por um lado, pelas normas regulamentadoras fundamentadas nos preceitos legais do Conselho Nacional de Imigração para a entrada e permanência dessas pessoas em território nacional, a saber: Lei Federal n. 6.815/80 e Decreto n. 86.715/81 — nominado Estatuto do Estrangeiro, bem como a própria Consolidação das Leis do Trabalho.

A análise do pedido é feita pelo Ministério do Trabalho e Emprego (MTE), sempre atrelada aos interesses políticos, socioeconômicos e culturais do Brasil, resguardando sempre os interesses do trabalhador brasileiro.

As empresas interessadas deverão cumprir literalmente a legislação nacional de proteção ao trabalhador, bem como manter na íntegra suas obrigações tributárias.

O processo é administrativo, iniciando o ato por motivação da empresa brasileira interessada, em conformidade com a legislação vigente para o tema. O visto temporário de trabalho permite ao estrangeiro trabalhar no País. Aprovada a autorização de trabalho pelo Ministério do

Trabalho e Emprego em Brasília, o visto é enviado pelo Ministério das Relações Exteriores ao consulado brasileiro indicado para retirada.

12. VISTO TEMPORÁRIO DE TRABALHO (RESOLUÇÃO NORMATIVA N. 74/2007 E 80/2008)

O visto temporário de trabalho, concedido ao estrangeiro, para o caso em tela, está previsto no art. 13, inciso V da Lei n. 6.815, de 1980, e poderá ser concedido por até dois anos e prorrogado uma única vez por igual período, vedada a sua transformação em permanente.

O visto temporário fica condicionado ao exercício da função para a qual foi solicitada a autorização de trabalho, bem como ao treinamento do profissional estrangeiro acerca dos procedimentos técnico-operacionais e de gestão da empresa matriz, com vistas ao aprimoramento ou à difusão de conhecimentos para o exercício da função, para a qual foi designado, vedado ao estrangeiro chamado a substituição de mão de obra nacional ou o exercício de função gerencial.

A empresa brasileira deve cumprir os seguintes requisitos: (i) para cada estrangeiro contratado, deve haver ao menos dois empregados brasileiros registrados; (ii) a relação entre o total de salários pagos a estrangeiros e brasileiros deve observar a mesma proporção. Esta é a chamada "regra dos dois terços" e vem prevista no art. 354 e seguintes da Consolidação das Leis do Trabalho (CLT); (iii) compatibilidade entre a qualificação e a experiência profissional do estrangeiro e a atividade que virá exercer no País, comprovada por meio de diplomas, certificados ou declarações das entidades nas quais tenha desempenhado atividades; (iv) no aspecto remuneratório — por meio da Resolução Normativa n. 74/2007, se definiu que o parâmetro a ser estabelecido em relação à remuneração do estrangeiro no Brasil é de que, se já houver um profissional em atividade/função igual ou equivalente à que será ocupada pelo estrangeiro, o valor de seu salário no Brasil deverá ser igual ou superior ao maior valor pago para essa função; e (v) o contrato de trabalho é o fundamento da concessão desta autorização. Importante observar que o início da vigência do contrato de trabalho se dará no dia da chegada do estrangeiro ao Brasil com o visto de trabalho estampado em seu passaporte, por força do art. 29 da CLT.

A documentação necessária para o processo de visto de trabalho da empresa, em cópias autenticadas, é: (i) Contrato social e última alteração consolidada; (ii) Cadastro Nacional de Pessoa Jurídica — CNPJ; (iii) procuração, quando o representante se fizer representar por procurador; (iv) certidões negativas do INSS, FGTS, Receita Federal e PGFN; (v) 03 (três) últimas guias de recolhimento do INSS e FGTS; (vi) Declaração do IRPJ do último exercício; e (vii) estrutura salarial da empresa.

Por sua vez, o candidato deve comprovar escolaridade mínima, qualificação e experiência profissional, compatíveis com a atividade a ser exercida (diplomas, certificados ou declarações das instituições nas quais o estrangeiro tenha desempenhado suas atividades), devendo atender aos seguintes requisitos: (i) experiência de 2 anos no exercício de profissão de nível superior; (ii) experiência de 3 anos no exercício de profissão de nível médio, com escolaridade mínima de 9 anos; (iii) passaporte capa a capa (cópia autenticada); e (iv) certidão negativa de antecedentes criminais.

Os documentos em idioma estrangeiro deverão ser autenticados pelas repartições consulares brasileiras e traduzidos por tradutor juramentado no Brasil.

A prorrogação da autorização de trabalho e da estada no Brasil pode ser solicitada ao Ministério da Justiça diretamente em Brasília, ou por meio de uma das unidades da Polícia de Imigração nos diversos Estados, 30 (trinta) dias antes do vencimento do visto, conforme art. 70, parágrafo primeiro, do Decreto n. 86.715/81. Nesta oportunidade, as autoridades brasileiras imigratórias verificarão não somente a real necessidade de permanência do estrangeiro no Brasil, mas também se os termos do contrato de trabalho e as obrigações tributárias e sociais foram cumpridos tanto pelo estrangeiro quanto pela empresa contratante.

O visto de prestação de serviços técnicos (Resolução Normativa n. 61/2004) é apropriado para estrangeiros que venham ao Brasil sem vínculo com a empresa nacional, para prestar serviços de caráter técnico, transferência de tecnologia ou prestação de serviços de assistência técnica, em decorrência de contrato, acordo de cooperação, convênio ou instrumentos similares, que prevejam a transferência de mão de obra entre uma empresa brasileira e outra no exterior.

O visto vinculado a grupo econômico cuja matriz seja empresa brasileira (Resolução Normativa n. 79/2008) trata da concessão de autorização de trabalho a estrangeiro, vinculado a grupo econômico, cuja matriz seja empresa brasileira. O estrangeiro deverá vir ao Brasil para exercer função técnica operacional ou administrativa, sem vínculo empregatício, em Sociedade Civil ou Comercial do mesmo Grupo ou Conglomerado Econômico, com a finalidade de capacitação e assimilação da cultura empresarial e metodologia de gestão da matriz brasileira. O visto prevê a permissão de intercâmbio e o compartilhamento de experiências inerentes à função exercida pelos profissionais.

Nessa situação, o estrangeiro continua funcionário da empresa estrangeira. Assim, ele não pode, portanto, receber remuneração pela empresa brasileira. Aliás, é essencial neste tipo de visto que ele permaneça como funcionário da empresa estrangeira enquanto estiver no Brasil e que receba seu salário exclusivamente no exterior.

No momento do pedido de visto, o estrangeiro deve comprovar este vínculo com a empresa estrangeira por meio de documento legalizado e traduzido, conforme as normas vigentes.

CAPÍTULO IV
DEFESA DO CONSUMIDOR PARA EMPREENDEDORES ESTRANGEIROS

Leonardo J. Carrion

Sumário: *Introdução. 1 Da colocação do problema: inconsistência no marco regulatório. 2. Fundamentos do Código de Defesa do Consumidor. 3. Risco jurídico do investidor. 3.1. Regulação da oferta de produtos e serviços. 3.1.1. Publicidade e propaganda. 3.1.2. Da publicidade ilícita. 3.1.3. Consequências da publicidade ilícita. 3.2. Regulação da comercialização de produtos e serviços. 3.2.1. Dever de informar. 3.2.2. Proteção contratual. 3.2.3. Da irrenunciabilidade de direitos. 3.2.4. Do equilíbrio contratual. 3.2.5. Da transparência. 3.2.6 Da interpretação favorável ao consumidor. 3.2.7. Da execução específica dos contratos de consumo. 3.3. Regulação do pós-venda. 3.3.1. Responsabilidade pelo fato do produto. 3.3.2. Excludentes da responsabilidade civil. 3.4. Regulação da cobrança de dívidas. 3.4.1. Ameaça. 3.4.2. Coação. 3.4.3. Constrangimento físico ou moral. 3.4.4. Emprego de afirmações falsas, incorretas ou enganosas. 3.4.5. Exposição do consumidor a ridículo. 3.4.6. Interferir no trabalho, descanso ou lazer do consumidor. Conclusão.*

Introdução

Isaac Asimov foi um escritor famoso, entre outras coisas, por ter descrito com exatidão a forma e a sensação de caminhar na Lua décadas antes dos astronautas do programa Apollo voltarem para contar como tinha sido. Era uma pessoa que fazia ótimas observações sobre as coisas da vida, e sabia como extrapolar suas ideias para exercitar a futurologia. Em um de seus livros, o personagem de Asimov faz uma grande viagem para chegar ao lugar onde vive a nação dominante daquele cenário, a mais poderosa e aquela que possui uma esfera de influência tão grande que abrange toda a distância percorrida pelo sujeito. O cenário incluía, evidentemente, uma alta dose de tecnologia do futuro. Instalado no quarto de hotel, o personagem surpreende-se ao assistir uma espécie de telejornal daquela nação e constatar que, apesar do domínio e da influência sobre centenas de outras nações, 99,9% das notícias eram locais.

Apesar de toda a tecnologia da informação, da *internet*, da globalização e por mais que nos sintamos "antenados" com o mundo (e talvez por causa deste sentimento), um erro clássico quando se faz negócios em outro país é agir como se todos fossem iguais.

Existe um conhecido guia de negócios internacional que faz muito sucesso justamente neste nicho (*Executive Planet*). Sobre nós, brasileiros, dois tópicos singelos são reveladores.

> *Poor punctuality is characteristic of Brazilian business culture. You will have to accept that waiting around for your Brazilian counterparts will be part of doing business here.* (Tradução livre: Impontualidade é característica da cultura empresarial brasileira. Você terá que aceitar que esperar por seus parceiros brasileiros é parte do "fazer negócios" aqui.)

> *Always arrive on time for a business meal or meeting at a restaurant. Usually, Brazilian business protocol demands punctuality on these occasions.* (Tradução livre: Sempre chegue no horário para uma refeição de negócios ou reunião em um restaurante. O protocolo dos negócios brasileiros exige pontualidade nestas ocasiões).

Certamente as duas observações do guia revelam uma visão de estrangeiros que pode ser tomada como de boa-fé, já que a intenção do guia é que se façam negócios, para pessoas que querem aprender a tolerar as diferenças.

Quão contraditório pode ser o Brasil? Se em algo tão fundamental como a pontualidade em reuniões há uma total contradição no agir para o estrangeiro, podemos supor que estas pessoas terão uma enorme dificuldade em compreender as situações adiante (presumindo que tenham conseguido chegar atrasados e no horário, para cada tipo de compromisso aqui e tenham ido adiante no negócio).

1. DA COLOCAÇÃO DO PROBLEMA: INCONSISTÊNCIA NO MARCO REGULATÓRIO

O desafio é explicar para um investidor estrangeiro, mais especificamente aqueles que virão antes da Copa 2014 e das Olimpíadas do Rio de Janeiro, as incongruências no país que será apresentado para ele: onde desembarcará em aeroportos precários, mas será pego por um automóvel de luxo, que trafegará em um trânsito de megalópole, porém por avenidas esburacadas como caminhos medievais. O país que possui um Código de Defesa do Consumidor (Lei n. 8.078/90, doravante apenas referido como "CDC") que é um time de normas dos melhores do mundo, e onde o Estado presta serviços que seriam desclassificados na primeira fase jogando contra a seleção da Albânia.

Um exemplo desta dificuldade é a digressão feita pelo Des. Rizzatto Nunes do Tribunal de Justiça de São Paulo no *Jornal Folha de São Paulo* sobre um acidente que ocorreu naquela cidade no mês de abril em um brinquedo de um parque de diversões, com diversas vítimas.

Narra o desembargador que após o acidente assistiu na TV um perito dizendo que a causa do evento teria sido: Negligência, imprudência ou imperícia (ao que o desembargador aduz que se deve incluir o dolo)[2].

E pergunta o articulista da *Folha:* "e se for constatado que não se verificou nenhum dos elementos da culpa (e, claro, nem de dolo), como fica a situação jurídica e a continuidade da oferta do mesmo serviço?"

Trata-se de uma interessante hipótese. A de que o brinquedo não tenha defeito de montagem, nem de manutenção ou operação. Que o acidente tenha sido causado por um funcionamento ruim sim, mas em razão da complexidade tecnológica e do risco inerente a este tipo de aparelho.

A conclusão do Magistrado, após analisar a questão da responsabilidade objetiva do fornecedor (aquela que diz que não necessita o consumidor comprovar culpa do fornecedor, este deve indenizar apenas demonstrando o dano e o nexo deste dano com o produto), é de que alguns tipos de aparelhos que existem hoje, inobstante o cuidado do

---

2   A imperícia é a falta de habilidade ou inaptidão para praticar certo ato; a negligência é a inobservância de normas que nos ordenam agir com atenção, capacidade, solicitude e discernimento; e a imperícia é precipitação ou o ato de proceder sem cautela." (in Maria Helena Diniz. *Curso de direito civil brasileiro,* Vol. 7 — Responsabilidade civil. 18. ed., Saraiva, p. 46).

fornecedor, ocasionarão danos ao consumidor por sua característica técnica complexa e, por isso, devem ser proibidos de existirem (ou de serem oferecidos ao público), conforme as normas do CDC.

Ou seja, o pensamento de um doutrinador e Magistrado, diante de uma relação em que se responsabiliza o fornecedor objetivamente (**"Strict Liability"** — sem culpa ou dolo) em face do consumidor, por um serviço ou produto, perante um Estado que regula, concede, cobra e se omite nos seus deveres impunemente, é de que se deveria ter a total proibição do fornecimento, jogando por terra o investimento feito.

Afinal, quais os conceitos no Direito brasileiro, e na sua interpretação pelos Tribunais, que permitirão ao investidor estrangeiro avaliar o risco de seu investimento, em nosso País de contrastes e contradições. Esta é a questão que tentaremos responder neste trabalho.

2. Fundamentos do Código de Defesa do Consumidor

Para que o investidor estrangeiro possa entender a relação de seu novo negócio no Brasil com os consumidores e avaliar os riscos, é necessário que entenda alguns conceitos.

Consumidor: É qualquer pessoa que contrate para consumo final, em benefício próprio ou de outro, a aquisição ou a locação de bens, bem como a prestação de um serviço.

Fornecedor: "Toda pessoa física ou jurídica, pública ou privada, nacional ou estrangeira, bem como os entes despersonalizados, que desenvolvem atividade de produção, montagem, criação, construção, transformação, importação, exportação, distribuição ou comercialização de produtos ou prestação de serviços". [3]

Produto: "É qualquer objeto de interesse, resultado de determinado processo de trabalho, envolvendo fatores de produção, em dada relação de consumo, e destinado a satisfazer necessidades do adquirente, como destinatário final." [4]

---

3 (*Código de Defesa do Consumidor*, art. 3º).
4 GRINOVER, Ada Pellegrini *et ali*. *Código Brasileiro de Defesa do Consumidor:* comentado pelos autores do Anteprojeto. 3. ed. Rio de Janeiro: Forense Universitária, 1993. p. 33.

Serviço: É todo resultado de atividade, pública ou privada que, sem assumir a forma de um bem material, destina-se a satisfazer uma necessidade do mercado consumidor, como: transportes, telecomunicações, educação, saúde, setor financeiro e de seguros.

Serviço Público: "Consiste na prestação de serviços à comunidade pelo Estado, aos quais, por princípio, todo cidadão tem direito. Abrangem as diversas atividades asseguradas pelo Estado de forma regular e contínua a fim de prover as necessidades coletivas e promover o bem-estar comum. Podem ser dirigidos ou executados pelo Estado, por meio de sua administração direta e indireta, ou por organizações privadas em regime de concessão."[5]

Pessoa Física ou Natural: "Todo indivíduo, desde o momento de seu nascimento até a morte, adquire personalidade civil ao nascer com vida, mas tem seus direitos garantidos antes mesmo do nascimento. Esses direitos, baseados na própria natureza humana, são os direitos de existência, liberdade, associação, apropriação e defesa."[6]

Pessoa Jurídica: Pessoa jurídica é a entidade constituída por homens e bens, com vida, direitos, obrigações e patrimônio próprios. Podem ser de direito público (União, Unidades Federativas, Autarquias, e etc.) ou de direito privado (empresas, sociedades civis, associações, e etc.).

Consumo: Utilização, aplicação, uso ou gasto de um bem ou serviço por um indivíduo ou uma empresa para satisfazer suas necessidades.

Relação de Consumo: "é toda relação jurídica contratual que envolva a compra e venda de produtos, mercadorias, ou bens móveis e imóveis, consumíveis ou inconsumíveis, fungíveis ou infungíveis, adquiridos por consumidor final ou a prestação de serviços sem caráter trabalhista"[7].

Cartel: O cartel representa a coligação de vários estabelecimentos com a finalidade de defender os próprios interesses, dirigindo a produção ou a venda de determinados bens com o objetivo de dominar preço, distribuição e regularização de consumo. O cartel, portanto, é formado por

---
5   PEIXOTO, Paulo Matos. *Vocabulário jurídico Paumape*. São Paulo: Paumape, 1993. p. 275.
6   SANDRONI, Paulo. Org. *Novo dicionário de economia*. Círculo do Livro, 1994. p. 260.
7   Rui Stocco.

um agrupamento de empresas (e não de pessoas físicas) que mantêm as suas personalidades jurídicas, embora estejam obrigadas a cumprirem as condições estabelecidas pelo cartel."[8]

Monopólio: "É o regime em que se dá preferência a uma pessoa ou a uma empresa para que, com exclusividade, produza ou venda determinados produtos. Quando o monopólio é apoiado por diplomas legais, ele é chamado de monopólio de direito. Opostamente, quando ele se impõe como consequência de interesses econômicos ou administrativos de organizações, ele é conhecido como monopólio de fato. Ele é, muitas vezes, confundido com os trustes.[9]

Oligopólio: "Tipo de estrutura de mercado, nas economias capitalistas, em que poucas empresas detêm o controle da maior parcela do mercado."[10]

3. Risco jurídico do investidor

Ao entendermos risco jurídico enquanto aquele derivado da aplicação das leis e regulamentações governamentais, é possível compreender a disciplina prevista no Código de Defesa do Consumidor como uma parte indispensável da correta análise de risco do investimento. Contudo, existe certa assimetria no regime da responsabilidade a que os eventuais empreendimentos sujeitam-se, a justificar a sua divisão em partes, a seguir expostas, que apresentam a respectiva regulação desde a sua oferta até a eventual cobrança de dívidas.

3.1. Regulação da oferta de produtos e serviços

3.1.1. Publicidade e propaganda

Toda a informação ou publicidade apresentada por meio de comunicação obriga o fornecedor que a veicular ou dela se utilizar para divulgar seus produtos e serviços.

---

[8] MINISTÉRIO DA JUSTIÇA. *Consumidor organizado*. 2. ed. Brasília, 1993. p. 16.
[9] MINISTÉRIO DA JUSTIÇA. *Consumidor organizado*. 2. ed. Brasília, 1993. p. 16.
[10] SANDRONI, Paulo. Org. *Novo dicionário de economia*. Círculo do Livro, 1994. p. 245.

No Brasil a oferta e apresentação de produtos ou serviços devem ser feitas com cuidado para assegurar informações corretas, de fácil compreensão, precisas, ostensivas e em língua portuguesa sobre as suas características, quantidade, preço, garantia, prazos de validade e de origem, entre outros dados, bem como os possíveis riscos à saúde e segurança dos consumidores.

Como a publicidade vincula o ofertante, se o fornecedor recusar o cumprimento da oferta o consumidor poderá, alternativamente e à sua escolha: exigir o cumprimento forçado da obrigação; aceitar outro produto ou prestação de serviço equivalente ou rescindir o contrato, com direito a restituição de quantia eventualmente antecipada, monetariamente atualizada, e a perdas e danos.

Apesar do rigor, a boa-fé é exigida tanto do fornecedor, quanto do consumidor. Por exemplo, em casos onde há anúncio de produto/serviço com erro de boa-fé. Sendo o erro facilmente verificável, tal oferta não vincula o fornecedor.

> "Consumidor. obrigação de fazer. venda de notebook anunciado no interior da loja por preço muito aquém do valor de custo. erro material perceptível no anúncio. intento enganoso não configurado. princípio da boa-fé também é exigível do consumidor. improcedência mantida.
>
> O anúncio (fls. 14 e 15) do preço parcelado do notebook encerra evidente erro material: à vista, o equipamento custa R$ 1.699,00; a prazo, o equivalente a doze parcelas de R$ 14,15 (totalizando R$ 169,80). Percebe-se que apenas a vírgula, no valor da parcela, foi inserida de forma equivocada, visto que doze parcelas de R$ 141,50 equivalem a R$ 1.698,00. Sequer se vislumbra, assim, intenção enganosa no anúncio do produto em questão. Ademais, no caso concreto, antes de se dirigirem ao caixa, os autores confessaram que foram informados sobre a incorreção do anúncio. Frente a esse contexto, assim como a boa-fé é exigível do fornecedores, igualmente ela deve pautar a conduta do consumidor, beirando a obviedade que os autores perceberam esse erro material e quiseram enriquecer-se indevidamente mediante o pedido de cumprimento da oferta. Tal atitude, reprovável, foi barrada no primeiro grau e, igualmente, será recusada no grau recursal. Mantém-se, assim, pelos próprios fundamentos, a sentença de improcedência do pedido inicial. RECURSO IMPROVIDO."[11]

---

11   Recurso Cível n. 71001541119, Segunda Turma Recursal Cível, Turmas Recursais, Relator: Maria José Schmitt Santanna, Julgado em 28.5.2008.

3.1.2. Da publicidade ilícita

Código do Consumidor: Art. 35. É proibido qualquer tipo de publicidade enganosa, abusiva, clandestina e subliminar.

Há três formas de publicidade ilícita previstas no Código de Defesa do Consumidor. São elas: a simulada, a enganosa e a abusiva.

Na publicidade simulada se oculta o caráter de propaganda, confundindo o consumidor sobre a veracidade da situação apresentada. O exemplo mais claro é a propaganda com aparência de reportagem, em que o "marketing" se torna imperceptível ao consumidor.

A publicidade enganosa é aquela que induz o consumidor ao erro a respeito da natureza, características, quantidade, propriedades, preço, origem ou quaisquer outros dados essenciais. Não é necessário que exista o dolo para se caracterizar a publicidade como enganosa. A responsabilidade é objetiva, existente a partir do potencial apresentado pelo anúncio.

E a publicidade abusiva é aquela que agride os valores sociais, (portanto em determinado momento pode deixar de sê-lo e vice-versa). Não se deve confundir abusividade e agressão a valores sociais com desconfortos derivados de problemas pessoais. O erotismo, a nudez, o palavrão podem não ser abusivos dependendo do contexto em que se encontram e da apresentação feita no anúncio.

É abusiva, por exemplo, a publicidade que gerar discriminação; incitar a violência; explorar o medo e a superstição; aproveitar-se da deficiência de julgamento de criança; desrespeitar valores ambientais; induzir o consumidor a comportamento prejudicial a sua saúde, ou perigoso a sua segurança.

As propagandas que mostram situações absurdas, ou situações que são facilmente percebidas por todos como irreais, não são ilícitas.

3.1.3. Consequências da publicidade ilícita

A realização da publicidade enganosa ou abusiva gera responsabilidade civil, penal e administrativa. Assim, quando o fornecedor de produtos ou serviços utilizar-se da publicidade enganosa ou abusiva, o consumidor poderá pleitear indenização por danos materiais e morais sofridos, bem como a abstenção da prática do ato, sob pena de execução específica, para o caso de inadimplemento, sem prejudicar a sanção pecuniária cabível e de contrapropaganda, que desfaça os efeitos do engano ou do abuso, a qual pode ser posta administrativa ou judicialmente. Além disso, o fornecedor responderá pela prática do crime.

3.2. Regulação da comercialização de produtos e serviços

3.2.1. Dever de Informar

Segundo o art. 3º, CDC, são atribuídos aos fornecedores os seguintes deveres: (i) dar informações necessárias e adequadas sobre eventuais riscos à saúde e à segurança dos consumidores suscetíveis de serem causados por produtos ou serviços colocados no mercado; (ii) informar, de maneira ostensiva e adequada, a respeito da nocividade ou periculosidade de produtos e serviços, bem como comunicar às autoridades competentes; (iii) não colocar no mercado de consumo produto ou serviço que sabe ou deveria saber apresentar alto grau de nocividade ou periculosidade à saúde ou à segurança; (iv) fornecer peças de reposição enquanto o produto for comercializado; e (v) abster-se de práticas abusivas e de expor a constrangimento o consumidor.

O dever de informar vai desde etiquetar devidamente os produtos com suas características e preço, ao bom treinamento dos consultores de venda, até o funcionamento dos *call-centers*, entrega de manuais e contratos ao consumidor, até o pós-venda.

3.2.2. Proteção contratual

Os contratos pressupõem duas pessoas que, por livre e espontânea vontade, decidem sobre os seus interesses. Mas a realidade nos contratos de consumo é bem diferente, o consumidor se encontra em posição de inferioridade em relação ao fornecedor. Ele possui muito menos informações sobre o produto ou serviço do que o fornecedor, e muitas vezes necessita o serviço independentemente do que esteja no contrato que lhe é imposto.

Com o intuito de atenuar as distorções derivadas desta relação, o CDC estipula um conjunto de normas e princípios, garantindo que os direitos dos consumidores sejam respeitados sem a possibilidade de se abrir mão deles.

3.2.3. DA IRRENUNCIABILIDADE DE DIREITOS

São nulas as cláusulas contratuais que representem renúncia dos direitos que são legalmente assegurados ao consumidor, ainda que assinadas pelo consumidor. São alguns exemplos de aplicação do princípio: nulidade da desconsideração do direito de optar pelo reembolso da quantia paga, quando autorizado por lei; vedação da transferência de responsabilidade; impossibilidade de inversão do ônus da prova em detrimento do consumidor; imposição de arbitragem necessária; e invalidade de cláusulas em desacordo com o sistema legal de proteção ao consumidor.

3.2.4. DO EQUILÍBRIO CONTRATUAL

Não é permitida qualquer oneração excessiva. Dessa forma, são nulos: o estabelecimento de faculdades ao empresário que não sejam correspondentes às reconhecidas aos consumidores; as disposições contratuais que autorizam o empresário unilateralmente a alterar as condições do negócio; as cláusulas com exigências injustificáveis por parte do empresário.

3.2.5. DA TRANSPARÊNCIA

É um princípio básico que busca atender à equiparação do consumidor ao fornecedor em relação às informações do contrato. Assim sendo, o consumidor deve ter acesso prévio a toda extensão das obrigações assumidas por ele e pelo empresário, em decorrência do contrato. Não vinculará o consumidor o que não lhe for dada ciência prévia, ou então se o contrato for redigido de modo a dificultar a compreensão.

3.2.6. DA INTERPRETAÇÃO FAVORÁVEL AO CONSUMIDOR

Na tentativa de anular um ato de má-fé do fornecedor, que tentar enganar o consumidor, o CDC estabelece que a interpretação do contrato deve favorecer o consumidor, pois sendo o contrato um instrumento elaborado unilateralmente pelo fornecedor, a lei quer tornar eficaz eventual tentativa de redação ambígua ou obscura do contrato.

3.2.7. DA EXECUÇÃO ESPECÍFICA DOS CONTRATOS DE CONSUMO

Os contratos de consumo comportam execução específica, ou seja, o juiz pode viabilizar a conclusão do efeito concreto pretendido pelas partes, por meio de qualquer medida que for necessária. A maior parte dos contratos de consumo se resolve em perdas e danos, somente por opção do autor da demanda ou por impossibilidade material da tutela específica ou de resultado prático correspondente. A mesma proteção é garantida a toda manifestação escrita de vontade, recibos e pré-contratos. É importante ressaltar que tanto o empresário quanto o consumidor se encontram sujeitos a essa regra.

3.3. REGULAÇÃO DO PÓS-VENDA

3.3.1. RESPONSABILIDADE PELO FATO DO PRODUTO

De acordo com o art. 12 do CDC, são responsáveis pelo fato do produto o fabricante, o produtor, o construtor, nacional ou estrangeiro, e o importador, independentemente da existência de culpa (responsabilidade objetiva), pela reparação dos danos causados aos consumidores por defeitos decorrentes de projeto, fabricação, construção, montagem, fórmulas, manipulação, apresentação ou acondicionamento de seus produtos, bem como por informações insuficientes ou inadequadas sobre sua utilização e riscos.

Em princípio o comerciante não responde pelo fato do produto, sua responsabilidade é subsidiária. Mas, torna-se igualmente responsável quando o fabricante, o construtor, o produtor ou o importador não puderem ser identificados; se o produto for fornecido sem identificação clara do seu fabricante, produtor, construtor ou importador; ou se não conservar adequadamente os produtos perecíveis.

O produto é defeituoso quando não oferece a segurança que dele se espera, levando em consideração a sua apresentação, o uso e riscos que geralmente dele se esperam e a época em que foi colocado em circulação. É preciso ressaltar que o produto não é considerado defeituoso pelo fato de outro de melhor qualidade ter sido colocado no mercado.

Outro assunto que parece ser de maior relevo é o respeito às normas técnicas exaradas pelos diversos órgãos, em diversas áreas específicas ou no geral por órgãos como a ABNT (Associação Brasileira de Normas Técnicas) e Conmetro (Conselho Nacional de Metrologia, Normalização e Qualidade Industrial).

O art. 39 do CDC impõe ao fornecedor (e demais envolvidos) que seja tida como prática abusiva a colocação no mercado de qualquer produto ou serviço em desacordo com as normas expedidas pelos órgãos oficiais competentes.

3.3.2. Excludentes da responsabilidade civil

A partir de prova feita pelo fornecedor, ele poderá se isentar da responsabilidade objetiva, se comprovar: que não colocou o produto no mercado, no caso em que detectado o defeito, o produto foi separado para ser inutilizado, mas terceiros o furtaram e o comercializaram, por exemplo; que, embora haja colocado o produto no mercado, o defeito inexiste, ou seja, quando os danos só podem ser atribuídos a outros fatores como de força maior ou caso fortuito posteriores ao fornecimento; ou então que a culpa é exclusiva do consumidor ou de terceiros.

3.4. Regulação da Cobrança de dívidas

> CDC: "Art. 71 — Utilizar, na cobrança de dívidas, de ameaça, coação, constrangimento físico ou moral, afirmações falsas, incorretas ou enganosas ou de qualquer outro procedimento que exponha o consumidor, injustificadamente, a ridículo ou interfira com seu trabalho, descanso ou lazer:
>
> Pena — Detenção de três meses a um ano e multa."

Ao contrário de outros países, a cobrança no Brasil não é tarefa fácil. Também não é facilitada pelo Poder Judiciário, que age com cautela demasiada contra os devedores. O CDC não prejudica a cobrança, mas sim algumas práticas adotadas comumente, provavelmente pelos fornecedores forçados pela ineficiência da cobrança judicial.

Na prática de cobrança de dívidas o fornecedor não poderá utilizar-se de: a) ameaça; b) coação; c) constrangimento físico ou moral; d) emprego de afirmações falsas, incorretas ou enganosas; e) exposição do consumidor a ridículo; f) interferência no trabalho, descanso ou lazer do consumidor.

3.4.1. Ameaça

Salvo a ameaça de tomar medidas judiciais, ou de envio do nome do consumidor aos cadastros de inadimplentes (práticas consideradas legais), o fornecedor não poderá ameaçar o consumidor em outros sentidos.

3.4.2. Coação

Para explicar a coação, vejamos o exemplo citado na obra de Luiz Antônio Rizzatto Nunes: "(...) O administrador ou seu agente coage o consumidor a assinar uma nota promissória ou a entregar um cheque para o pagamento da dívida, sob pena de não liberá-lo do hospital ou não liberar pessoa de sua família".

Trata-se de forçar o consumidor a praticar ato que normalmente ele não praticaria.

3.4.3. Constrangimento físico ou moral

É a vedação ao emprego de violência, seja o constrangimento físico ou moral, quando o consumidor sofre grave ameaça acerca de sua saúde e integridade física.

Um exemplo seria o emprego de força — capangas contratados exigirem o pagamento sob pena de aplicarem uma surra no consumidor —. Outro exemplo reside no corte de fornecimento de serviços considerados essenciais ou de urgência (eletricidade, fornecimento de água ou médicos emergenciais).

3.4.4. Emprego de afirmações falsas, incorretas ou enganosas

Exemplifica o professor Luiz Antônio Rizzatto Nunes:

> "É abusiva, por exemplo, a ação do mero cobrador da empresa que, ao telefone, apresenta-se ao devedor como oficial de justiça ou advogado (sem sê-lo).
>
> É abusiva, também, a cobrança que apresenta ao devedor uma conta de valor maior do que ele deve, para, com isso, pressioná-lo e conseguir negociação para o recebimento, oferecendo-lhe um "desconto", com o que se chegará ao débito real (original)."

3.4.5. Exposição do consumidor a ridículo

É considerada prática abusiva de cobrança a que expõe o consumidor a ridículo (envergonhá-lo ou humilhá-lo), de modo a afetar o próprio conceito moral que ele tem sobre si, bem como afetar o conceito moral e de honestidade que ele sustenta perante aqueles que fazem parte do seu convívio social.

Exemplo: afixar lista de devedores em local de acesso público; cobrar o devedor por meio de comunicação que, de qualquer forma, possa ser identificada por terceiros como tal; cobrar o consumidor por meio de ligações telefônicas para terceiros não garantidores do débito; utilizar correio ou telegrama fechados, mas que seu envelope possa ser identificado como de empresa cobradora de dívidas e etc...

3.4.6. Interferir no trabalho, descanso ou lazer do consumidor

Nestes casos a cobrança abusiva é aquela que passa do aceitável, por exemplo uma ligação para o trabalho do devedor, ou para sua casa, para o intolerável, que seria a insistência.

4. Conclusão

Buscou-se no presente trabalho apresentar de maneira amigável conceitos básicos e noções cujo conhecimento se faz indispensável à adequada quantificação do risco jurídico dos empreendimentos em território nacional, bem como na sua consequente gestão, permitindo, assim, seu regular desenvolvimento.

Por certo, o regime legal a que estão sujeitas as empresas no Brasil encontra complexidades que podem aparentar, à primeira vista, prejudiciais à lucratividade dos investimentos. Entretanto, essas mesmas regulações demandam uma qualificação de todo o mercado, a ofertar uma evidente vantagem competitiva àqueles que estiverem de posse das informações e do assessoramento adequados.

Aquele empreendedor bem orientado ultrapassará estas dificuldades e as tornará em vantagem competitiva, já que se verá em um mercado que, se não é livre daqueles empreendedores despreparados, oferece pequena sobrevida aos imprudentes, diante da qualificação do consumidor.

CAPÍTULO V
LEGISLAÇÃO PENAL BRASILEIRA. OBSERVAÇÕES IMPORTANTES AOS INVESTIDORES E ADMINISTRADORES

JAIR JALORETO
FABRICIO BERTINI

Sumário: *1. Ambiente atual. 2. A responsabilização penal da Pessoa Jurídica. 3. Crimes na Lei de Licitações. 4. Ambiente empresarial — desconhecimento dos riscos. 5.* Compliance *e Segurança Empresarial. 6. Concluindo.*

1. AMBIENTE ATUAL

Muito se tem dito sobre as oportunidades em investir no Brasil, por conta da recente pujança de sua economia, cada vez mais interessante aos olhos do capital externo.

Os futuros eventos esportivos sediados no Brasil, o crescimento econômico e a migração de capital estrangeiro (sobretudo europeu) para território brasileiro têm tornado o País absolutamente atrativo a investimentos, sobretudo em infraestrutura.

De acordo com a revista *Veja on-line*, em colaboração com a Agência Estado, "a qualidade da infraestrutura brasileira é das piores no mundo, mesmo com a arrancada dos investimentos nos últimos quatro anos." (www.veja.abril.com.br, em 8.8.2010).

As informações divulgadas pela publicação são de um estudo feito pela LCA Consultores, cuja fonte foi o relatório de competitividade 2009/2010 do Fórum Econômico Mundial, em Genebra, na Suíça.

Empresários e especialistas de diversos países responderam à pesquisa — no Brasil, 181 opinaram. "A má qualidade de estradas, portos, ferrovias e aeroportos brasileiros não chega a ser novidade", traz a publicação. Isso mostra claramente que há muito o que se fazer (e edificar) no Brasil.

Todavia, antes de chegar em território alienígena, é de fundamental importância conhecer as regras do jogo.

Para o início de nossa avaliação, é importante ponderar que os riscos da atividade empresarial transcendem os aspectos meramente econômico-financeiros. A diversidade das exigências do mundo dos negócios acarreta para os acionistas e gestores inúmeras ações e omissões tipificadas como ilegais.

A sofisticação da economia brasileira, aliada à globalização, tem feito a diferença. O legislador tem se preocupado em penalizar diversas condutas anteriormente não consideradas para fins penais.

2. A RESPONSABILIZAÇÃO PENAL DA PESSOA JURÍDICA

A Lei Penal tem se sofisticado, e a legislação que tipifica condutas anteriormente ignoradas pela lei penal tem se multiplicado. Bons exemplos disso são os crimes cometidos em ambiente virtual (*internet*), bem como os crimes cometidos contra o meio ambiente.

Nesse item vamos focar nossa abordagem nas penalidades criminais advindas da proteção ao meio ambiente. O constituinte de 1988 deu especial atenção aos crimes ambientais cometidos por pessoas jurídicas, tratando de forma expressa (art. 225, § 3º, da Constituição Federal) a responsabilidade penal da pessoa jurídica que praticar crime contra o meio ambiente, imputando aos infratores, pessoas físicas ou jurídicas, sanções penais e administrativas, independente da obrigação de reparar os danos causados.

Nesse sentido veio a Lei n. 9.605/98, que imputa a prática dos crimes ambientais aos diretores, ao administrador, ao membro de conselho e de órgão técnico, ao auditor, ao gerente e ao preposto ou mandatário de pessoa jurídica, que, sabendo da conduta criminosa de outrem, deixa de impedir a sua prática, quando podia agir para evitá-la (art. 2º).

O art. 3º da Lei de Crimes Ambientais trata da responsabilidade administrativa, civil e penal das pessoas jurídicas, que são responsabilizadas nos casos em que a infração seja cometida por decisão de seu representante legal ou contratual, ou de seu órgão colegiado, no interesse ou benefício da sua entidade. Em seu parágrafo único, referido artigo informa que a responsabilidade das pessoas jurídicas não exclui a das pessoas físicas, autoras, coautoras ou partícipes do mesmo fato.

Como consequência são previstas: pena de multa, pena restritiva de direitos e pena de prestação de serviços à comunidade. Tais penas poderão ser aplicadas cumulativa ou alternativamente (art. 21 da Lei n. 9.605/98).

A pena de multa consiste no pagamento ao fundo penitenciário da quantia fixada na sentença e calculada em dias-multa.

As penas restritivas de direitos da pessoa jurídica são: I — suspensão parcial ou total de atividades; II — interdição temporária de estabelecimento, obra ou atividade; III — proibição de contratar com o Poder Público, bem como dele obter subsídios, subvenções ou doações.

A suspensão de atividades será aplicada quando estas não estiverem obedecendo às disposições legais ou regulamentares, relativas à proteção do meio ambiente.

A interdição temporária do estabelecimento, obra ou atividade será aplicada quando o estabelecimento, obra ou atividade estiver funcionando sem a devida autorização, ou em desacordo com a concedida, ou com violação de disposição legal ou regulamentar.

A proibição de contratar com o Poder Público e dele obter subsídios, subvenções ou doações não poderá exceder o prazo de dez anos.

A prestação de serviços à comunidade pela pessoa jurídica consistirá em: I — custeio de programas e de projetos ambientais; II — execução de obras de recuperação de áreas degradadas; III — manutenção de espaços públicos; IV — contribuições a entidades ambientais ou culturais públicas.

3. CRIMES NA LEI DE LICITAÇÕES

As licitações com o Poder Público também se submetem a regramento jurídico-criminal, insculpido na Lei n. 8.666/93.

Além dos órgãos da administração direta, estipula a lei que a ela se subordinam "os fundos especiais, as autarquias, as fundações públicas, as empresas públicas, as sociedades de economia mista e demais entidades controladas direta ou indiretamente pela União, Estados, Distrito Federal e Municípios".

O Legislador trouxe dez figuras de natureza penal, visando à punição do agente público ímprobo, descritas nos arts. 89 a 98. O art. 99 cuida da questão das penas pecuniárias.

De modo geral, o objeto jurídico dos delitos tipificados na Lei n. 8.666/93 consiste na moralidade administrativa e lisura das concorrências, em que são contemplados os que oferecem melhores condições ao Poder Contratante. Objetiva-se tutelar os contratos administrativos, bem como fomentar a obrigação de imparcialidade e tecnicidade dos agentes públicos em face dos pleitos do particular ante o Estado.

Importante ressaltar, inicialmente, que nenhum dos dispositivos legais trazidos pela Lei admite a forma culposa. Assim é que o dolo ou intenção, sempre, é elemento essencial do tipo penal.

Como bom exemplo de incidência penal temos o art. 90 da Lei n. 8.666/93, que pune condutas defesas ao licitante, quais sejam frustrar ou fraudar, mediante ajuste, combinação ou qualquer outro expediente, o caráter competitivo do procedimento licitatório com o intuito de obter, para si ou para outrem, vantagem decorrente de adjudicação do objeto da licitação. O agente público também pode ser considerado sujeito ativo do delito caso tenha colaborado para a fraude. A pena aplicada é de detenção de 2 a 4 anos e multa. Pune-se a tentativa.

É importante ressaltar que em diversos tipos penais na Lei de Licitações é prevista a aplicação de pena de multa. De acordo com o preceituado no art. 99 da Lei, que dá fecho ao tema, a pena de multa consistirá no pagamento de valor fixado em sentença, nunca inferior a 2% nem superior a 5% do valor do contrato em questão, sendo o produto da sua arrecadação destinado ao Fisco Municipal, Estadual, Federal ou Distrital.

O art. 100 é expresso ao dizer que os crimes definidos na Lei de Licitações são de ação pública incondicionada, e que caberá ao Ministério Público promovê-la.

Temos que o objetivo da Lei é assegurar que o Poder Público contrate o particular melhor qualificado, em melhores condições e para obter o melhor resultado possível — e isso é feito pela reprimenda penal nele inserta, mecanismo desenvolvido para prevenir a ocorrência de transgressões passíveis de lhe macular. Tal mecanismo, caso necessário, visa remediar o que passou pela barreira moral da obediência.

4. Ambiente empresarial — desconhecimento dos riscos

Existe um considerável desconhecimento sobre o assunto por parte dos Empresários que atuam no Brasil, maior ainda por parte dos Investidores, e as consequências disso podem ser avassaladoras, tanto para as pessoas jurídicas quanto para as pessoas físicas que se posicionam como seus gestores (executivos, procuradores). Tais revezes variam desde prejuízos financeiros até abalos irreversíveis à imagem de uma companhia, seus produtos e seus recursos humanos.

É fundamental que as empresas que se instalem no Brasil sejam bem assessoradas por Advogados e Consultores que, além do suporte natural em questões tributárias, societárias, ambientais, civis e comerciais, tenham *expertise* em prever e evitar riscos e contingências de natureza criminal.

Deve-se observar a incidência dos chamados Crimes Empresariais, afetos à atividade econômica. Deve o Investidor / postulante a ingressar no mercado brasileiro se atentar à vasta gama de leis penais diversas que atribuem tratamento jurídico-criminal à atividade das empresas, com matérias que regulam, por exemplo, Crimes Contra o Meio Ambiente, Crimes contra a Ordem Tributária, Crimes Contra o Consumidor, contra o Sistema Financeiro Nacional, Crimes Econômicos, Crimes cometidos por Meios Virtuais, Crimes contra a Propriedade Intelectual, Fraudes contra Seguros, entre outros.

Se de um lado o Investidor deve entender o ambiente legal brasileiro sob os aspectos penais, entendemos que deve também levar em consideração a prevenção a fraudes internas e externas, com o tirocínio necessário a identificar as áreas da organização onde se situam as maiores vulnerabilidades no tocante às fraudes internas: Compras, Suprimentos, Financeiro e Recursos Humanos são bons exemplos. As empresas de todo mundo perdem uma parte significativa de seu faturamento dentro de seu próprio quintal, por conta de furtos internos, erros na armazenagem ou controle de estoque, sabotagem, fuga de informações, fraude, vandalismo, entre outros. Setores como comércio varejista chegam a perder até 30% do seu faturamento com furtos e desvios.

5. *Compliance* e Segurança Empresarial

Espera-se que se criem mecanismos aptos a tornar o ambiente produtivo e administrativo o menos propício à incidência dos atos do amigo do alheio quanto possível. A isso pode se chamar Segurança Empresarial.

Considerando o caráter estratégico dentro das empresas em que ela deve ser empregada, a Segurança Empresarial deve ser elaborada de modo profissional e definitivo, com metodologia científica e que consiga mostrar resultados ao longo do tempo de maneira satisfatória.

Nessa senda, tornou-se voz comum que as empresas devem, necessariamente, possuir um programa e uma cultura de *Compliance* que sejam efetivos e que se adapte tanto à cultura organizacional da empresa quanto à legislação nacional e estrangeira de combate à corrupção, e interaja perfeitamente com um plano de Segurança Empresarial.

Estando em *compliance*, entende-se que estamos em conformidade. E a questão da corrupção deve ser encarada de frente. Muitos agentes do mercado desconhecem que a prática de fraudes e atos de corrupção por seus funcionários e prepostos, ainda que realizada a partir e exclusivamente no Brasil, pode sujeitar a empresa a ter que pagar multas elevadíssimas em razão da violação a determinadas regras brasileiras e internacionais que se destinam exclusivamente a combater a corrupção. Está em curso no País uma adequação legislativa às regras insculpidas no FCPA (*Foreign Corrupt Practices Act*) norte-americano e ao *UK Bribery Act*, do Reino Unido.

6. Concluindo

Observado todo o exposto, consideramos no mínimo saudável que a legislação penal seja observada quando da tomada de decisões pelo Administrador.

Operações complexas e sofisticadas de negócios devem ser levadas ao conhecimento de consultoria especializada, para que sejam validadas sob a ótica do Direito criminal. Assim é que a atuação conjunta com advogados de outras áreas do Direito se propõe a embasar as operações sob a ótica do Direito Penal Empresarial, em conjunto com todo o arcabouço normativo que regula a matéria, ou atividade econômica. O principal objetivo dessa prática é validar a legalidade e legitimidade dos procedimentos utilizados pelas organizações que desenvolvem tais operações.

É incontroverso que a consultoria em questões relacionadas ao Direito penal está sendo cada vez mais requisitada pelas empresas e também por escritórios de advocacia *full service*, pelo elementar motivo: Nenhum empresário, administrador ou acionista quer se envolver desnecessariamente em questões que podem se transformar em processos criminais.

É unanimidade — todos preferem viver sem essa.

PARTE ESPECIAL

CAPÍTULO VI
MODELO INSTITUCIONAL DO SETOR ENERGÉTICO BRASILEIRO PARA NOVOS INVESTIDORES[(*)]

Luiz Antonio Ugeda Sanches

Sumário: *1. As privatizações. 2. O modelo elétrico. 3. O setor de petróleo, gás e biocombustíveis. 4. O Pré-sal. 5. Conclusão.*

O presente artigo busca traçar o histórico recente do setor energético brasileiro, no que concerne às privatizações, aos aspectos sobre energia elétrica, petróleo, gás e bicombustíveis, bem como destaca a recente legislação que trata das jazidas denominadas Pré-sal. O objetivo é demonstrar aos investidores as oportunidades legislativas para se aportar capitais neste importante nicho da sociedade, altamente regulado e com forte participação estatal.

1. AS PRIVATIZAÇÕES

Com um setor energético predominantemente estatal, o presidente Collor criou no primeiro mês de seu governo o Programa Nacional de Desestatização, por meio da Lei n. 8.031, de 12 de abril de 1990. O intuito era o de reestruturar as atividades do Estado na economia, por meio da venda de ativos públicos à iniciativa privada. As justificativas eram eminentemente econômicas, e estavam pautadas na falta de capital estatal público para investir, bem como na necessidade de obter um maior envolvimento da iniciativa privada no desenvolvimento do país nos seguintes quesitos:

> (i) reordenar a posição estratégica do Estado na economia, transferindo à iniciativa privada atividades subexploradas pelo setor público;
>
> (ii) contribuir para reestruturar economicamente o setor público, por meio de melhoria do perfil e da redução da dívida pública líquida;

(*) Este artigo foi produzido em abril de 2011.

(iii) permitir a retomada de investimentos pelas empresas privadas, bem como sua efetiva reestruturação;

(iv) permitir a concentração de esforços da administração pública em atividades mais fundamentais; e

(v) contribuir para o fortalecimento do mercado de capitais.

A grande dificuldade na privatização no governo Collor foi o lastro utilizado na aquisição das empresas. Os títulos representativos da dívida pública federal foram majoritariamente utilizados, de forma a corresponder a mais de 98% dos valores utilizados, fato que quitava a dívida pública mas não possibilitava liquidez nas finanças federais. O governo Franco, por sua vez, buscou corrigir essa distorção e valorizar o uso de moeda corrente, dentre outras medidas.[1]

Importante notar que o PND somente lograria êxito em ambiente de estabilidade monetária, graças ao advento do Plano Real no governo Franco. No governo Cardoso, houve uma continuidade do PND com mudanças centrais, e estruturais, que viabilizaram a aplicação desse instituto nos serviços públicos em geral e no energético em específico. O instrumento jurídico escolhido para a promoção dessas mudanças foi um intenso reformismo constitucional, por meio de emendas que possibilitaram importantes alterações estruturais no setor energético.

(i) Emenda Constitucional n. 5, de 15 de agosto de 1995, que fixou caber aos Estados explorar diretamente, ou mediante concessão, os serviços locais de gás canalizado, na forma da lei;

---

1   Interessante notar que o governo Franco, nos últimos dias de gestão, publicou o Decreto de 27 de dezembro de 1994 e criou o Programa de Desenvolvimento Energético dos Estados e Municípios — Prodeem com a finalidade de: (i) viabilizar a instalação de microssistemas energéticos de produção e uso locais, em comunidades carentes isoladas não servidas por rede elétrica, destinados a apoiar o atendimento das demandas sociais básicas; (ii) promover o aproveitamento das fontes de energia descentralizadas no suprimento de energéticos aos pequenos produtores, aos núcleos de colonização e às populações isoladas; (iii) complementar a oferta de energia dos sistemas convencionais com a utilização de fontes de energia renováveis descentralizadas; e (iv) promover a capacitação de recursos humanos e o desenvolvimento da tecnologia e da indústria nacionais, imprescindíveis à implantação e à continuidade operacional dos sistemas a serem implantados. Não há registro de continuidade do programa na gestão Cardoso.

(ii) Emenda Constitucional n. 6, de 15 de agosto de 1995, ao permitir que a pesquisa e a lavra de recursos minerais, bem como o aproveitamento desses potenciais, pudessem ser efetuados mediante autorização ou concessão da União;

(iii) Emenda Constitucional n. 7, de 15 de agosto de 1995, ao delegar a lei a ordenação dos transportes aéreo, aquático e terrestre;

(iv) Emenda Constitucional n. 8, de 15 de agosto de 1995, que quebrou o monopólio das telecomunicações;

(v) Emenda Constitucional n. 9, de 9 de novembro de 1995, que quebrou o monopólio da Petrobras ao permitir que a União pudesse contratar com empresas estatais ou privadas atividades com hidrocarbonetos; e

(vi) Emenda Constitucional n. 19, de 4 de junho de 1998, que alterou princípios e normas da Administração Pública, internalizando conceitos oriundos do Direito Administrativo Econômico (p. ex., eficiência).

Ao aliar estabilidade monetária, por força do Plano Real em geral, que permitiu a existência de uma clara sinalização de custos e receitas, e pela Lei Eliseu Resende em específico, que promoveu uma alteração na estrutura tarifária do setor elétrico, bem como uma expressa fundamentação jurídica, decorrente de ampla reforma constitucional, os desígnios de privatização existentes na legislação brasileira desde 1979 finalmente puderam alcançar o setor energético, por intermédio dos institutos da concessão, da permissão e da autorização, expostos na Lei Geral de Concessões (n. 8.987, de 1995), bem como pela alteração promovida pela Lei n. 9.491, de 9 de setembro de 1997, que alterou procedimentos do Programa Nacional de Desestatização — PND.

Importante destacar o ato de conceder promovido no então governo Cardoso. Essa iniciativa não era considerada uma alternativa pelo governo, mas uma "ausência de escolha", dada a insolvência estatal e o inchaço da máquina pública. Em *A arte da política*, seu livro de memórias, Fernando Henrique Cardoso defende o programa de desestatização como uma "inovação na busca do interesse público". O ex-presidente cita a criação das agências reguladoras, que justifica como o instrumento necessário para imunizar áreas importantes de ingerências políticas, como um complemento das privatizações, consideradas economicamente inevitáveis. Para tanto, seus integrantes não poderiam ser demitidos, como na tradição anglo-saxã que serviu de molde para as agências.

O PND, que foi regulamentado pelo Decreto n. 2.594, de 15 de maio de 1998 e teve diversas alterações, tanto inclusões quanto exclusões de ativos, ao longo do tempo,[2] não alcançaria a eficácia obtida se a estrutura tarifária mantivesse, no bojo de sua lógica, a remuneração pelo custo. Era imperativo possibilitar que as atividades em energia pudessem aferir lucro, sem o qual não há que se falar em atração da iniciativa privada para esse segmento da indústria.

2. O MODELO ELÉTRICO

As privatizações, que proporcionaram a delegação da prestação de serviço público, decorrente de todas as transformações políticas e econômicas ocorridas no final do século passado, impôs profundas mudanças na sociedade como um todo e no setor elétrico brasileiro em especial. No centro de todas essas mudanças está a premissa adotada de que os Estados modernos estavam incapacitados de arcar com os investimentos necessários para gerar o desenvolvimento dos setores que estavam sob sua responsabilidade. LEITE[3] fez um diagnóstico preciso daquele momento histórico no Brasil, pormenorizando suas peculiaridades.

> " 1. Sistema nacional, com 90% da capacidade hidráulica e 95% de geração dessas usinas, é essencialmente distinto do sistema de base térmica, como o empregado na maioria dos países industrializados;
>
> 2. Muitas das grandes usinas, com os respectivos reservatórios, se localizavam em sequência no curso de um mesmo rio;

---

2   Podem-se mencionar como exemplos os Decretos n. 6.026, de 2007; Decreto n. 6.380, de 2008; Decreto n. 6.502, de 2008; Decreto de 16 de julho de 2008; Decreto n. 7.267, de 2010; dentre outros.
3   LEITE, Antônio Dias. *A energia do Brasil*. 2. ed. Rio de Janeiro: Elsevier, 2007. p. 293.

3. O País ainda tenta alcançar (tenha ou não sucesso nessa pretensão) crescimento econômico em ritmo intenso, equivalente ao que já teve em décadas anteriores, o que pode requerer fortes taxas de expansão dos serviços de eletricidade;

4. As usinas hidrelétricas demandam muito mais tempo (> cinco anos) que as usinas térmicas (< três anos), para sua construção."

A argumentação utilizada, para motivar essas mudanças, parte do pressuposto de que o modelo estatal que foi concebido e adotado pelo Brasil ao longo das décadas tinha barreiras que impediam tanto a eficiência financeira das empresas quanto sua respectiva competitividade. O setor elétrico, como monopólio estatal verticalizado, criava barreiras à entrada de investimentos. Esse cenário ocasionava a ausência de competição, na qual a remuneração pela prestação do serviço realizado via tarifa era garantida a todas as estatais do setor elétrico, fato que ocasionava uma ausência de incentivos para o desenvolvimento da rede elétrica. Assim, o principal resultado desse modelo era a ineficiência financeira das empresas.

Sob a ótica setorial, o racionamento de energia elétrica de 1987, bem como o desvio de finalidade setorial das concessionárias estaduais de energia elétrica, ocasionara significativa descapitalização da indústria energética, tornando insustentável o modelo então vigente do ponto de vista econômico-financeiro, em que pesem as premissas operacionais funcionarem de forma satisfatória. Assim, o modelo estatal demonstrava esgotamento, pois havia alto nível de ingerência política nas empresas de serviços públicos, como, p. ex., a contenção de tarifas, o atraso de reajustes como prática macroeconômica de contenção da inflação, que produziu inadimplências intrassetoriais generalizadas entre empresas estatais. Logo, a União não concedia tarifas e as concessionárias, no geral estaduais ou privadas, não pagavam encargos.

Nesse sentido, o Estado deveria conceder à iniciativa privada a execução de algumas obras e serviços que até pouco tempo eram de sua exclusiva função. Com o processo de privatização, houve a desverticalização das diferentes esferas do setor elétrico, que passou a se dividir em geração, transmissão, distribuição e comercialização. A geração e a comercialização se tornaram setores competitivos e não regulados. A transmissão e a distribuição, por sua vez, como monopólios naturais, estariam sob regulação e fiscalização dessa Agência. Assim, o objetivo principal do modelo brasileiro foi separar o serviço de energia elétrica, que trabalha com a *commodity* e deve ser aberta à competição, bem como às regras de livre mercado, daqueles que trabalham com o transporte da energia mediante rede aérea ou subterrânea, que devem ser reguladas pela administração pública. Em outras palavras, a privatização buscou atrair novos investimentos, além de desverticalizar as pesadas estruturas estatais, segmentando as áreas da seguinte forma:

(i) Geração: atividade de natureza competitiva, não regulada economicamente, com garantia de livre acesso aos sistemas de transportes (transmissão e distribuição) a todos os geradores que podem comercializar a energia livremente. Compreende os diferentes processos de conversão de energia primária em energia elétrica;

(ii) Transmissão: vias de transporte de energia elétrica de alta e média tensão, podendo ser utilizadas por qualquer agente interessado mediante o pagamento dos encargos correspondentes, de forma isonômica, estabelecidos pelo agente regulador;

(iii) Distribuição: vias de transporte de energia elétrica de baixa tensão, podendo ser utilizadas por qualquer consumidor inserido no interior de área de concessão estabelecida pelo Poder Concedente mediante o pagamento dos encargos correspondentes, de forma isonômica, estabelecidos pelo agente regulador;

(iv) Comercialização: agente setorial com capacidade jurídica para comprar, importar, exportar e vender energia elétrica a outros comercializadores, distribuidores, geradores ou consumidores livres, por meio de contratos de longo prazo ou no MAE, nos termos originais do art. 26 da Lei n. 9.427, de 26 de dezembro de 1996, com a redação dada pelo art. 4º da Lei n. 9.648, de 27 de maio de 1998, bem como na Resolução n. 265, de 13 de agosto de 1998;

(v) Autoprodutor: pessoa jurídica ou consórcio de empresas titular de concessão, permissão ou autorização para produzir energia elétrica destinada ao consumo próprio, por sua conta e risco, podendo fornecer o excedente às concessionárias de distribuição, desde que previamente autorizada pela Aneel. Previsto pela Lei n. 9.074, de 7 de julho de 1995, e regulamentado pelo Decreto n. 2.003, de 1996;

(vi) Produtor Independente: pessoa jurídica ou consórcio de empresas titular de concessão, permissão ou autorização para produzir energia elétrica destinada ao comércio de toda ou parte da energia produzida, por sua conta e risco. Previsto pela Lei n. 9.074, de 7 de julho de 1995, e regulamentado pelo Decreto n. 2.003, de 1996;

(vii) Consumidores Livres: pessoa jurídica que, atendida em qualquer tensão, tenha exercido a opção de compra de energia elétrica, conforme definida nos arts. 15 e 16 da Lei n. 9.074, de 7 de julho de 1995.

A Lei n. 9.074, de 7 de julho de 1995, pode ser considerada, para efeitos do setor elétrico, um aprofundamento do regime de concessões previsto na Lei n. 8.987, de 1995. Não é para menos. O Capítulo II em diante trata especificamente do setor elétrico e se divide em seções, a saber: (i) Das Concessões, Permissões e Autorizações; (ii) Do Produtor Independente de Energia Elétrica; (iii) Das Opções de Compra de Energia Elétrica por parte dos Consumidores; (iv) Das Instalações de Transmissão e dos Consórcios de Geração; e (v) Da Prorrogação das Concessões Atuais.

Alguns dispositivos contêm fundamentos principiológicos que não podem ser descartados na análise individualizada da legislação superveniente. Como exemplo, destacam-se: (i) a necessidade de desverticalização da cadeia produtiva do setor de energia, notadamente a elétrica; (ii) a garantia da continuidade na prestação dos serviços públicos, prevista no art. 3º, que regulamenta os arts. 42, 43 e 44 da Lei n. 8.987, de 1995; (iii) a prioridade para conclusão de obras paralisadas ou em atraso; (iv) o aumento da eficiência das empresas concessionárias, visando à elevação da competitividade global da economia nacional; (v) o atendimento abrangente ao mercado, sem exclusão das populações de baixa renda e das áreas de baixa densidade populacional inclusive as rurais; (vi) o uso racional dos bens coletivos, inclusive os recursos naturais; dentre outros.

Assim, em que pese não haver previsão legal expressa obrigando as empresas a assim procederem, o modelo vigente pressupunha que as atividades de geração, transmissão e distribuição de energia elétrica passassem a ser desenvolvidas de forma segregada e integrada ou, no jargão setorial, de maneira "desverticalizada". O intuito era possibilitar a separação de interesses da cadeia produtiva em diferentes ativos, individualizando os custos, de forma a tornar claros os riscos e, por conseguinte, a remuneração do capital investido. Esse era o mecanismo para possibilitar o aporte de investimentos privados no setor.

Após a edição da Lei n. 9.074, de 1995, o Governo Federal vendeu a Espírito Santo Centrais Elétricas S/A. — Escelsa. E aqui começava o descompasso entre a vontade política, de acelerar o trinômio desestatização — desverticalização — eficientização, verdadeiro enunciado do Direito Administrativo Econômico, perante a estrutura regulatória então vigente naquele momento, que tinha o DNAEE como o responsável pelo controle das atividades no setor elétrico.

Essa lacuna foi suprida apenas no final de 1996. A Lei n. 9.427, de 26 de dezembro de 1996, que instituiu a Agência Nacional de Energia Elétrica — Aneel, criou uma autarquia especial com a competência de regular, fiscalizar e mediar a prestação de serviços públicos de energia elétrica, no tocante à qualidade dos serviços e ao regime econômico-financeiro.

A União contratou, por intermédio da Eletrobras e com financiamento do Banco Mundial, por meio de licitação, a consultoria Coopers & Lybrand[4] para desenvolver um modelo institucional do setor elétrico junto a especialistas nacionais, que durou entre agosto de 1996 e o final de 1997. A prestação de serviço recebeu o nome de Projeto de Reestruturação do Setor Elétrico Brasileiro (Projeto RE-SEB) e foi gerido pelo Ministério de Minas e Energia. O desmembramento dos esforços para viabilizar o RE-SEB produziu os seguintes atos:

(i) Decreto n. 2.335, de 6 de outubro de 1997, que regulamentou a Agência Nacional de Energia Elétrica — Aneel, criada pela Lei n. 9.427, de 1996;

---

4   Houve colaboração da consultoria Latham & Watkins, da banca Ulhôa Canto, Resende e Guerra Advogados, Engevix e Main Engenharia.

(ii) Decreto n. 2.364, de 5 de novembro de 1997, que emenda o Decreto n. 2.335, de 6 de outubro de 1997;

(iii) Lei n. 9.648, de 27 de maio de 1998, que, originada na Medida Provisória n. 1.531-18, de 29 de abril de 1998, emendou as leis n. 3.890-A, de 1961; n. 8.666, de 1993; n. 8.987, de 1995, n. 9.074, de 1995; e n. 9.427, de 1996, de forma a autorizar a reestruturação da Eletrobras e suas subsidiárias, alterar diversos aspectos relativos à geração, transmissão, distribuição e comercialização de energia elétrica instituídos, criar o Mercado Atacadista de Energia Elétrica — MAE, que seria gerido por meio da Administradora de Serviços do Mercado Atacadista de Energia Elétrica — Asmae, bem como o Operador Nacional do Sistema Elétrico — ONS, inovando ao obrigar a separação dos contratos de suprimento entre a parte do monopólio (uso dos sistemas de transmissão ou de distribuição, bem como aqueles relacionados à conexão) e aqueles referentes ao produto (compra e venda de energia elétrica); e

(iv) Decreto n. 2.655, de 2 de julho de 1998, que tratou da exploração dos serviços de geração, transmissão, distribuição e comercialização de energia elétrica, regulamentou o MAE e o ONS, bem como pormenorizou as diretrizes dos contratos iniciais, marco necessário para a instituição do mercado livre, que substituíram os contratos de suprimento, regulados na Lei n. 8.631, de 1993 e no Decreto n. 774, de 1993.

Logo, a estrutura institucional do setor elétrico até 2002 era dividida em: (i) uma esfera política, capitaneada pelo Ministério de Minas e Energia — MME e pelo Conselho Nacional de Política Energética — CNPE, criado pela Lei n. 9.478, de 1997; (ii) uma esfera regulatória e fiscalizatória, na qual a Agência Nacional de Energia Elétrica — Aneel, por força da Lei n. 9.427, de 1996, cumpre suas atribuições; (iii) uma esfera financeira e técnica, exercidas, respectivamente, pelo Mercado Atacadista de Energia Elétrica — MAE e pelo Operador Nacional de Sistemas — ONS, mediante os preceitos dispostos na Lei n. 9.648, de 1998; e (iv) um sistema de remuneração tarifária baseada no preço, seguindo os ditames perfilados na Lei n. 8.631, de 1993. De forma resumida, esse modelo foi capaz de atrair investimentos privados ao setor, permitindo que as empresas outrora estatais modernizassem seus parques e usufruíssem o dinamismo próprio da gestão privada.

Com a posse do presidente Lula, o Ministério de Minas e Energia — MME publicou o documento "Proposta de Modelo Institucional do Setor Elétrico" em julho de 2003. Com essa divulgação, o MME incentivou e conduziu reuniões que produziram o embrião do que viria a ser o Segundo Modelo Energético, instituído por meio das Medidas Provisórias n. 144 e n. 145, ambas de 10 de dezembro de 2003.

Nesse cenário, com a conversão da Medida Provisória n. 144, de 2003, em Lei n. 10.848, de 2004; bem como da Medida Provisória n. 145 em Lei n. 10.487, de 2004, houve uma verdadeira reengenharia da governança setorial. O MME e a Aneel passaram a ter uma maior clareza em seus papéis institucionais, com a previsão em lei das competências do Poder Concedente, bem como a descrição das formas de eventuais delegações desses poderes à Aneel. Houve também a criação da Câmara de Comercialização de Energia Elétrica — CCEE, que substituiu o MAE e se inseriu em uma realidade com ambientes distintos de comercialização de energia elétrica, sendo um denominado "regulado", por meio do qual os distribuidores são obrigados a comprar energia, e o outro chamado "livre", no qual produtores de energia e comercializadores poderão transacionar energia elétrica desde que tenham lastro físico para tanto.

Como forma institucional de assegurar que não ocorrerá mais contingenciamento energético no país, foi criado o Comitê de Monitoramento do Setor Elétrico — CMSE, órgão permanente e interno ao MME, sem personalidade jurídica, responsável pelo monitoramento das condições de fornecimento de energia elétrica, primando pelo equilíbrio entre oferta e demanda. O Comitê tem como competência, dentre outras atividades, a análise permanente dos níveis dos reservatórios no país.

O monitoramento devia vir acompanhado de planejamento. Logo, o atual modelo almeja mitigar ao máximo possível a variação de tensão no sistema elétrico, diante de uma eventual interrupção ou medidas de racionamento que possam atingir parte ou todo o sistema interligado nacional. No atual entendimento do MME, o planejamento de longo prazo é o instrumento fundamental para se programarem as ações necessárias à consecução das metas setoriais almejadas. Para tanto, era imperativo estabelecer um sistema de planejamento, modernizando-o e dotando-o de recursos humanos e materiais compatíveis com suas novas responsabilidades.

Admitiu-se que não eram suficientes os procedimentos voltados para a proteção e a segurança do sistema elétrico interligado sob a coordenação do Operador Nacional do Sistema — ONS. Tampouco, a implantação do horário de verão, que tem por objetivo principal reduzir o consumo de energia elétrica e demanda de ponta por meio do deslocamento da necessidade de utilização de luz artificial ao escurecer em pelo menos uma hora.[5] Buscou-se aperfeiçoar o sistema de planejamento integrado — regionalizado e descentralizado — como forma de garantir a expansão da geração, transmissão e distribuição de energia elétrica, articulando a política do setor com outras políticas setoriais de desenvolvimento (industrial, agrícola, habitacional, urbana, de transportes, tecnológica, ambiental etc.) e com o sistema de regulação e controle social. O sistema de planejamento deveria ter caráter de atividade permanente e sequencial, realizando trabalhos com perspectiva de curto, médio e longo prazos.

Para esta finalidade criou-se a Empresa de Pesquisa Energética — EPE, que tem por finalidade prestar serviços na área de estudos e pesquisas destinados a subsidiar o planejamento do setor energético, tais como energia elétrica, petróleo e gás natural e seus derivados, carvão mineral, fontes energéticas renováveis e eficiência energética, dentre outras, nos termos da Lei n. 10.847, de 2004. A EPE foi concebida com a atribuição de elaborar estudos necessários para o desenvolvimento dos planos de expansão da geração e transmissão de energia elétrica de curto, médio e longo prazos, inclusive para obter a licença prévia ambiental e a declaração de disponibilidade hídrica necessárias às licitações envolvendo empreendimentos de geração hidrelétrica e de transmissão de energia elétrica. Assim, as novas outorgas de aproveitamentos hídricos passariam a ser emitidas com a devida licença prévia, fato que preserva os investidores do ônus de pleitear a licença e facilita o desenvolvimento dos novos empreendimentos sob outorga.

O vencedor das licitações para novos projetos de geração de energia seria empresa ou consórcio que oferecesse a menor tarifa a ser cobrada do consumidor. Além disso, quando o projeto era licitado, havia uma premissa de que todas as licenças ambientais necessárias para a sua construção seriam cedidas concomitantemente.

---

5   Conforme anteriormente informado, o horário de verão ocorreu pela primeira vez no Brasil em 1931, tendo frequência anual desde 1985.

Assim, o atual modelo objetiva, ainda, reduzir riscos e custos no abastecimento aos consumidores, sejam cativos ou livres. Ele se baseia na garantia de uma remuneração constante e justa, garantida por uma média entre a energia amortizada (denominada energia velha, ou seja, a energia que não tem em sua composição o valor do custo do investimento inicial), mais barata, e a não amortizada (denominada energia nova, que tem em sua composição o valor do custo do investimento inicial), mais cara, feita pelo "pool" de aquisição, que será contabilizado pelo CCEE, sucessor do MAE.

O objetivo central da criação do "pool", ou seja, do Ambiente de Contratação Regulada — ACR, foi o de centralizar a oferta de energia gerada, por meio das distribuidoras de energia elétrica, com o intuito de atingir a modicidade tarifária, ou seja, tornar a energia elétrica vendida ao consumidor final o mais barata possível, por estar eliminando riscos e eventuais lucros que determinados agentes poderiam perceber se pudessem atuar por sua conta e risco.

Tal legislação permitiu avanços significativos. A nova governança do mercado, com a instituição da CCEE, conseguiu contabilizar e liquidar a energia. O planejamento voltou a ser função de Estado e possibilitou a elaboração e consecução de projetos estruturantes, como é o caso das usinas no rio Madeira, no Estado de Rondônia, e do rio Xingu, no Estado do Pará. Sistemas de transmissão até então isolados têm sido continuamente interligados. Houve avanços na obtenção de licenças ambientais. Por fim, o Brasil fez as maiores descobertas petrolíferas de sua história em mar territorial, fato que elevará a condição energética do país a um novo patamar.

3. O SETOR DE PETRÓLEO, GÁS E BIOCOMBUSTÍVEIS

O atual modelo energético, no que tange ao petróleo, iniciou com uma grande crise internacional. Em 20 de março de 2003, os Estados Unidos invadiram o Iraque, naquilo que pode ser chamado de "Segunda Guerra do Golfo". O argumento central seria uma eventual produção iraquiana de armas de destruição em massa. A expectativa americana, bem como as consequências dos atos, são pormenorizadas por YERGIN:[6]

---
6 YERGIN, Daniel. *O petróleo*: uma história mundial de conquistas, poder e dinheiro. São Paulo: Paz e Terra, 2010. p. 891.

"A suposição evidente entre os que eram à favor da guerra era de que ela seria rápida — uma 'vitória relâmpago'. A guerra propriamente dita, de fato, ocorreu bem de acordo com o planejado e foi bem rápida. Já em 9 de abril de 2003, os civis iraquianos e os fuzileiros navais americanos estavam reunidos para juntos derrubarem a gigantesca estátua de Saddam Hussein no centro de Bagdá. Mas virtualmente nada do que se seguiu foi conforme o planejado. Saddam desapareceu, em um esconderijo. Nenhuma arma de destruição em massa jamais foi encontrada. Múltiplas rebeliões ocorreram por todo o país, à medida que uma guerra civil extensa instaurava-se entre os Sunnis e os Shias. Mais de meia década depois do início da guerra, as tropas americanas ainda estavam no Iraque, políticos iraquianos ainda discutiam a respeito da responsabilidade sobre os recursos do petróleo entre o governo central e cada região, e a indústria petrolífera iraquiana, com escassez de tecnologia, qualificação e segurança, ainda lutava para recuperar os níveis de produção que precederam a guerra."

Mudanças estruturais ocorriam no mundo globalizado por força do comércio internacional do petróleo. A Líbia renunciava, em 2003, à produção de armas nucleares, retornando assim à comunidade internacional. Os emirados de Abu Dhabi, Catar e Dubai emergiram como importantes centros mundiais, inclusive financiando instituições ocidentais, nas crises de 2007 e 2008, da Europa e dos Estados Unidos. Na América Latina, os grandes centros petrolíferos apresentavam dificuldades de expansão da oferta. Conforme exposto por YERGIN, o controle político na Venezuela sobre a indústria nacional, bem como as limitações mexicanas para o investimento, encabeçaram as razões de desaquecimento setorial.

O Brasil, nesse cenário, enfrentava alguns desafios estruturais. Com o início do governo Lula, encerrava-se um ciclo de grandes mudanças estruturais no setor de petróleo. LEITE pormenoriza essa fase, em que aponta uma "crise de identidade" da Petrobras com a quebra do monopólio, e contrapõe as diferenças no setor hidrocarbonífero aos acontecimentos com o setor elétrico.

"Ao contrário do que aconteceu com o setor de energia elétrica, no qual a Eletrobras foi desmontada na reforma e o sistema elétrico desarticulado com a crise de desabastecimento de 2001, no domínio do Petróleo as mudanças institucionais promovidas pelo governo FHC não afetaram a essência do monopólio exercido, de fato, pela Petrobras, mas criou, para ela, uma crise de identidade.

A Petrobras sempre se identificou com o monopólio do petróleo e a missão de tornar o país autossuficiente. Com o advento da política de abertura econômica e das reformas institucionais direcionadas para o fortalecimento de mercados competitivos, procurou o governo FHC, na medida do possível, adaptar a empresa ao novo ambiente."[7]

A Petrobras não buscava mais a autossuficiência do petróleo no Brasil, mas uma forte presença global, bem como a liderança setorial na América Latina. Assim, houve uma significativa transformação em suas atividades: o exercício de função pública de interesse nacional para grande competidor no mercado de petróleo, desde a produção até a distribuição, no Brasil e no exterior.

Os reflexos no Brasil foram imediatos. Nas dez rodadas de licitações de exploração de blocos ocorridas desde 1995, a presença estrangeira de empresas na plataforma continental foi significativa, com importante dispersão geográfica, ocorrendo desde as Alagoas até Santa Catarina, fato que culminou com a descoberta de petróleo no pré-sal. No exterior, a Petrobras intensificava sua atuação, que, nas palavras de LEITE, caminha na linha tênue entre "braço de governo" e "concorrente de multinacionais".

> "Segundo diretrizes políticas de integração sul-americana, as operações na América envolvem, além da exploração, a produção, refino, distribuição e até petroquímica. Realizam-se grandes operações nos Estados Unidos, inclusive a participação em uma refinaria destinada à colocação mais favorável, naquele mercado, do nosso óleo pesado, sob a forma de derivados.
>
> No contexto das relações delicadas com alguns países sul-americanos, em função do receio, neles existente, de um presumido objetivo de hegemonia da parte do Brasil, não pareceu prudente, para muitos observadores, que a Petrobras, por iniciativa própria ou por instrução do governo, se expusesse, com tanta desenvoltura, a reações locais negativas, da forma que fez, especialmente ao entrar na distribuição de seis países do nosso continente.

---

[7] LEITE, Antônio Dias. *A energia do Brasil*. 2. ed. Rio de Janeiro: Elsevier, 2007. p. 396.

Comprou grande empresa privada na Argentina, a Perez-Companc, sob a justificativa de adquirir reservas de óleo leve que contrabalançassem o óleo pesado de nossa própria produção. Mas comprou também a rede de distribuição dessa empresa e de outra menor, colocando a sua bandeira em exposição pública."[8]

No tocante ao regime jurídico de petróleo no Brasil, foi criado, por força do Decreto n. 4.925, de 19 de dezembro de 2003, o Programa de Mobilização da Indústria Nacional de Petróleo e Gás Natural — Prominp, com o objetivo de fomentar a participação da indústria nacional de bens e serviços, de forma competitiva e sustentável, na implantação de projetos de petróleo e gás no Brasil e no exterior. O Prominp adquiriu relevante importância na formação de mão de obra setorial desde o nível básico até o superior. A então ministra de Minas e Energia, Dilma Rousseff, expôs à época de forma sintética a função do programa.

> "O Prominp, concebido no âmbito do MME, tem por objetivo o fortalecimento da indústria nacional de bens e serviços e está centrado na área de petróleo e gás natural. As metas do Programa, elaboradas em conjunto com as empresas do setor, levarão à maximização da participação da indústria nacional no fornecimento de bens e serviços, em bases competitivas e sustentáveis, atendendo demandas nacionais e internacionais. Trata-se de gerar emprego e renda no País, ao agregar valor na cadeia produtiva local.
>
> O Prominp inicia suas atividades já com uma significativa carteira de 47 projetos, aprovada pelo Comitê Diretivo do Programa, no qual estão representados o governo, as empresas e as entidades de classe que atuam nestas atividades. O desafio consiste em desenvolver projetos de aumento do conteúdo nacional nas áreas específicas de Exploração & Produção, Transporte Marítimo, Abastecimento e Gás & Energia. Assim, a indústria estará gradativamente, e de forma planejada, aprimorando-se para atender às demandas, na ordem de U$ 41 bilhões, oriundas dos investimentos que estarão sendo realizados nos setores de petróleo e gás, no período de 2003-2007.
>
> O dia a dia das atividades do Prominp dá-se sob a influência da competência e dinamismo dos técnicos da Petrobras e do BNDES, das empresas

---

8   LEITE, Antônio Dias. *A energia do Brasil*. 2. ed. Rio de Janeiro: Elsevier, 2007. p. 407-408.

associadas ao IBP, ONIP e das Associações de classe ABEMI, ABCE, ABDIB, ABIMAQ, ABINEE, ABRAPET, ABEAM, ABITAM, SINAVAL, SEBRAE assim como da FINEP, CNI e Federações das Indústrias. Essas entidades têm o desafio de transformar obstáculos em oportunidades, quantificando demanda e oferta de equipamentos, bens e serviços, propiciando, à indústria fornecedora nacional, a conquista do reconhecimento internacional como indústria líder, nas áreas de petróleo e gás natural.

Em outras palavras, o Prominp representa o compromisso do Governo Federal e das empresas do setor em atuarem integrados, priorizando a participação da indústria nacional de bens e serviços nos negócios de petróleo e gás natural, criando empregos e competências, gerando oportunidades e riquezas para o Brasil."[9]

O governo Lula investiu importantes montantes no desenvolvimento de programas governamentais que pudessem produzir demanda na área energética, notadamente em hidrocarbonetos. Como exemplo, a Lei n. 11.015, de 21 de dezembro de 2004, alterava os Programas Oferta de Petróleo e Gás Natural e o Brasil com Todo Gás. Houve, ainda, a criação do Programa Indústria Petroquímica. Todos enquanto instrumentos para expansão da atividade em petróleo e gás no Brasil, neste caso específico associados ao Plano Plurianual do quadriênio 2004-2007. Em 2006, o Decreto n. 5.987, de 19 de dezembro de 2006, dispôs sobre a compensação da Cide-Combustíveis por pessoas jurídicas importadoras ou adquirentes de hidrocarbonetos líquidos não destinados à formulação de gasolina ou diesel.

Todavia, em que pese a relevância dessas medidas, o governo Lula certamente deve ser reconhecido por ter promovido e sistematizado cinco linhas de ação em hidrocarbonetos, quais sejam: (i) inserção do biodiesel na matriz energética brasileira; (ii) reestruturação da ANP para atender aos setores de gás e biocombustíveis; (iii) a Lei do Gás; (iv) transformação do álcool em *commodity* global; e (v) Pré-sal.

No que se refere ao biodiesel, este passou a ser caracterizado como "biocombustível derivado de biomassa renovável para uso em motores a combustão interna com ignição por compressão ou, conforme regulamento, para geração de outro tipo de energia, que possa substituir parcial

---

[9] Disponível em: <www.prominp.com.br>. Acesso em: 21 dez. 2010.

ou totalmente combustíveis de origem fóssil". O sistema normativo, que introduz o biodiesel, é o seguinte:

(i) Lei n. 11.097, de 13 de janeiro de 2005, que dispôs sobre a introdução do biodiesel na matriz energética brasileira;

(ii) Lei n. 11.116, de 18 de maio de 2005, que dispôs sobre o Registro Especial, na Secretaria da Receita Federal do Ministério da Fazenda, de produtor ou importador de biodiesel e sobre a incidência da Contribuição para o PIS/Pasep e da Cofins sobre as receitas decorrentes da venda desse produto;

(iii) Decreto n. 5.297, de 6 de dezembro de 2004, que dispôs sobre os coeficientes de redução das alíquotas de contribuição para o PIS/Pasep e da Cofins, incidentes na produção e na comercialização de biodiesel e sobre os termos e as condições para a utilização das alíquotas diferenciadas;

(iv) Decreto n. 5.298, de 6 de dezembro de 2004, que altera a alíquota do Imposto sobre Produtos Industrializados;

(v) Decreto n. 5.448, de 20 de maio de 2005, que regulamenta a introdução do biodiesel na matriz energética brasileira; e

(vi) Decreto n. 5.457, de 6 de junho de 2005, que reduz as alíquotas da Contribuição para o PIS/Pasep e da Cofins incidentes sobre a importação e a comercialização de biodiesel.

Sob esse cenário, incluindo a descoberta de hidrocarbonetos no campo de Tupi em 2007, fato que desencadeou a intensificação das prospecções na camada pré-sal, foi promulgada a Lei n. 11.909, de 4 de março de 2009, que dispôs sobre as atividades relativas ao transporte de gás natural, de que trata o art. 177 da Constituição Federal, bem como sobre as ações de tratamento, processamento, estocagem, liquefação, regaseificação e comercialização de gás natural. Pode-se afirmar que ela obedeceu à estrutura principiológica enunciada por LOSS,[10] qual seja:

---

10 LOSS, Giovani Ribeiro. *A regulação setorial do gás natural.* Belo Horizonte: Fórum, 2007. p. 87.

"I — *a promoção da conservação energética e do uso eficiente do gás natural* — o que tem relação com a promoção do meio ambiente e da conservação da energia e com a valorização dos recursos energéticos;

II — *a obtenção e a aplicação eficiente dos benefícios provenientes da exploração desse recurso à coletividade* — o que está ligado à preservação do interesse nacional, ao desenvolvimento nacional e à redução das desigualdades sociais e regionais;

III — *a atração de investimentos e, consequentemente, a introdução de maior concorrência na indústria do gás* — o que está relacionado à ampliação do mercado de trabalho, à promoção de um mercado competitivo, à competitividade do país e à expansão da produção e da infraestrutura nesse setor; e

IV — *a eficiência na prestação dos serviços aos usuários* — o que é conexo à promoção do bem de todos e à proteção do consumidor."

No rol de seus 60 artigos, estão elencadas 33 definições (art. 2º), o uso dos institutos jurídicos da Parceria Público-Privada — PPP e da concessão para a expansão dos gasodutos, podendo ser empregados recursos da Contribuição de Intervenção no Domínio Econômico — Cide e da Conta de Desenvolvimento Energético — CDE,[11] bem como os instrumentos para licitação dos projetos e dos ativos. A lei cria ainda regras para importação, exportação, estocagem, contingências no suprimento, dentre outros. A formulação de políticas públicas para o setor de gás será determinada a partir do Plano Decenal de Expansão da Malha de Gasodutos — Pemat, a ser publicado pelo Ministério de Minas e Energia. O regulamento foi publicado por força do Decreto n. 7.382, de 2 de dezembro de 2010.

4. O Pré-sal

Pode-se compreender que a descoberta do Pré-sal[12] foi um importante ponto de inflexão da exploração do petróleo no Brasil em geral e

---

11 Ver art. 13 da Lei n. 10.438, de 26 de abril de 2002.
12 Para compreender a expressão "Pré-sal", devemos tomar como referência o centro da Terra, ou seja, o petróleo se encontra antes da camada de sal. Para quem toma como referência a superfície da Terra, o petróleo encontra-se após a camada de sal.

nas premissas jurídicas setoriais em específico. A primeira iniciativa do governo Lula foi retirar 41 blocos da 9ª Rodada de Licitações da ANP que estavam situados em regiões de influência da descoberta de Tupi. Fundado no conceito de soberania nacional, era preciso aprofundar os estudos para conhecer a real estrutura geológica daquela localidade.

Com tamanha riqueza descoberta no subsolo marítimo, natural que a sociedade iniciasse uma contundente discussão sobre a destinação desse bem. O governo Lula, detentor das informações pormenorizadas sobre o Pré-sal, se antecipou e propôs no dia 31 de agosto de 2009 quatro Projetos de Lei para lidar com a questão: (i) a criação de um Fundo Social; (ii) a capitalização da Petrobras; (iii) a criação de uma estatal para lidar especificamente com a questão do Pré-sal; e (iv) a instituição do contrato de partilha de produção. Por sua vez, iniciou-se uma segunda discussão na esfera estadual, não menos intensa, referente à distribuição dos *royalties*. Esse tema encontrou clara polarização entre os Estados que defendiam a manutenção do atual sistema,[13] uma vez que as jazidas estão em seus territórios, e as demais unidades da federação, que identificaram uma possibilidade de aprovar uma regra que fosse mais distributiva. Nesse sentido, o final do governo Lula se caracterizou pela aprovação, e regulamentação, do petróleo por intermédio do seguinte sistema normativo:

> (i) Lei n. 12.249, de 11 de junho de 2010, que instituiu o Regime Especial de Incentivos para o Desenvolvimento de Infraestrutura da Indústria Petrolífera nas Regiões Norte, Nordeste e Centro-Oeste — Repenec, beneficiando-se pessoa jurídica que tenha projeto aprovado para implantação de obras de infraestrutura nas aludidas regiões nos setores petroquímico, de refino de petróleo e de produção de amônia e ureia a partir do gás natural, tendo regulamentada a forma de habilitação e co-habilitação pelo Decreto n. 7.320, de 28 de setembro de 2010;
>
> (ii) Lei n. 12.276, de 30 de junho de 2010, que autorizou a União a ceder onerosamente à Petrobras o exercício das ati-

---

13 Principalmente RJ e ES, em maior escala por ter alta dependência dessa indústria, e SP em menor intensidade, por depender menos dessa receita por ter um parque industrial mais heterogêneo e uma cultura petrolífera menos desenvolvida.

vidades de pesquisa e lavra de petróleo, de gás natural e de outros hidrocarbonetos fluidos de que trata o inciso I do art. 177 da Constituição Federal;

(iii) Lei n. 12.304, de 2 de agosto de 2010, que criou a Empresa Brasileira de Administração de Petróleo e Gás Natural S.A. — Pré-Sal Petróleo S.A. (PPSA);

(iv) Lei n. 12.351, de 22 de dezembro de 2010, que dispôs sobre o regime de partilha de produção, em áreas do pré-sal e em áreas estratégicas, bem como criou o Fundo Social — FS; e

(v) Decreto n. 7.403, de 23 de dezembro de 2010, que estabeleceu regra de transição para destinação das parcelas de *royalties* e de participação especial devidas à administração direta da União em função da produção de petróleo, gás natural e outros hidrocarbonetos fluidos em áreas do pré-sal contratadas sob o regime de concessão, de que trata o § 2º do art. 49 da Lei n. 12.351, de 22 de dezembro de 2010.

Pelo fato de a legislação sobre o Pré-sal ser recente, espera-se que o governo Dilma expeça novos instrumentos jurídicos para ordenar a atividade privada nesta realidade de abundância energética.

5. Conclusão

Há uma sensação generalizada de que o Brasil, parafraseando Monteiro Lobato,[14] está prestes a alcançar seu berço de ufanias. Maior país latino, e tropical, do mundo, será a quinta maior economia em dez anos. A base dessa pujança será a produção agrícola e energética, com a realização de grandes eventos esportivos — sendo a Copa do Mundo de futebol de 2014 e as Olimpíadas do Rio de Janeiro de 2016 as principais —, de forma que justificou sua inclusão no neologismo BRIC,[15] que inclui as

---
14 Importante escritor brasileiro, de ampla luta a favor da nacionalização do petróleo.
15 O acrônimo foi cunhado em 2001 pelo economista Jim O'Neill, chefe de pesquisa em economia global do grupo financeiro Goldman Sachs, para conferir um sentido único ao grupo de países em rápido desenvolvimento econômico na década de 2000, que juntos totalizam mais de 25% do território global e 40% da população mundial.

grandes potências emergentes do início do século XXI (Brasil — Rússia — Índia — China). O jornal londrino *Financial Times* declarou em 26 de maio de 2009 que o "Brasil é o futuro do petróleo latino-americano". Por sua vez, o madrilenho *El País* destacou, em 22 de novembro de 2009, que o "petróleo desperta o gigante Brasil".

Todavia, os desafios brasileiros são diretamente proporcionais ao tamanho do alarde que o crescimento do país causa. Há a necessidade de equacionar como o país explorará recursos naturais preservando a flora, a oferta de água, a soberania e sem explodir o custo dos alimentos. A infraestrutura nacional precisa receber investimentos que ainda não foram percebidos de forma a justificar o despertar de Monteiro Lobato. O setor minerário ainda discute um novo marco regulatório, pois o atual data de 1934.

O futuro imediato destina uma importância central para essa potência energética que será o Brasil. A franca expansão da produção, capitaneada pelas descobertas de petróleo após a camada do pré-sal, a transformação do álcool em *commodity* internacional (etanol), a expansão das eólicas, das termonucleares em um país rico em urânio e que domina o ciclo completo da produção desse minério, o aproveitamento hidrelétrico na Amazônia, a exploração da energia solar no país que tem a maior superfície tropical, imporá o desenvolvimento de regime jurídico que proporcione essa expansão, atrelada à integração energética regional e ao aumento constante da segurança energética, de forma a evitar oscilações no suprimento.

E este desenvolvimento não poderá prescindir dos investimentos privados, que têm ganhado uma crescente participação setorial para o desenvolvimento do país.

CAPÍTULO VII
SANEAMENTO BÁSICO: MARCO REGULATÓRIO, REGULAÇÃO SETORIAL E OPORTUNIDADES DE NEGÓCIO

RODRIGO MENDONÇA ALVARES DA SILVA

Sumário: *1. Histórico do federalismo cooperativo e da regulação dos serviços públicos no Brasil. 2. A Lei n. 11.445/2007 como marco regulatório do serviço de saneamento básico: princípios e regulação setorial. 3. Gestão associada do serviço público de saneamento e os instrumentos jurídicos que materializam tal modelagem de gestão. 3.1. Dos consórcios públicos. 3.2. Das concessões. 3.3. Das Parcerias Público-Privadas. 3.4. Dos convênios de cooperação. 4. Oportunidades na universalização do serviço público de saneamento, linhas de financiamento e atuação dos organismos internacionais como fomentadores do setor. 4.1. IFC — Internacional Finance Corporation. 4.2. BNDES — Banco Nacional do Desenvolvimento Econômico e Social. 4.3. BID — Banco Interamericano de Desenvolvimento. 4.4. CEF — Caixa Econômica Federal. 5. Conclusão.*

1. HISTÓRICO DO FEDERALISMO COOPERATIVO E DA REGULAÇÃO DOS SERVIÇOS PÚBLICOS NO BRASIL

Com o advento do modelo político do Estado do Bem-Estar Social, nos idos dos Séculos XIX e XX, a atuação do Estado, mesmo em grande parte dos países capitalistas, afigurava-se gigantesca, compreendendo não só a prestação direta de inúmeros serviços públicos e sociais, como também a exacerbada intervenção na economia.

Nessa quadra, o Estado passou a ostentar um modelo administrativo demasiadamente burocrático, com forte controle de todos os setores da vida social, concorrendo, assim, para o inchamento de suas funções, tornando-o uma estrutura lenta e incapaz de imprimir uma gestão eficiente de suas ações.

Some-se a esse contexto administrativo, notadamente na década de 80 e início da década de 90, as dificuldades financeiras experimentadas pelo Estado Brasileiro para, diretamente, ofertar as atividades e serviços públicos exigidos pela população. Premido pela séria crise econômica, viu-se na obrigação de encontrar meios para reduzir os gastos públicos, sem, no entanto, descurar-se do dever de prestar os serviços públicos fundamentais à coletividade.

Desta forma, fácil presumir que os serviços sociais prestados pelo Poder Público não possuíam a qualidade e eficiência necessárias, o que vinha deixando a população ao desamparo de suas necessidades fundamentais. Além disso, a demanda era cada vez maior em razão do inchaço populacional dos grandes centros urbanos, o que contribuía ainda mais para o problema da prestação deficiente dos serviços sociais.

Nesse sentido é o escólio da festejada administrativista **Maria Sylvia Zanella Di Pietro**[1]. *In verbis*:

> (...) a Constituição Federal atribuiu competências ao poder público que ele não tem condições de cumprir a contento; faltam verbas nas áreas de saúde, educação, previdência social, moradia, transporte, segurança.

De igual sorte, propõe o arguto doutrinador **Luciano Medeiros de Andrade Bicalho**[2]. *In verbis*:

> A reforma do Estado de Bem-Estar Social idealizado em meados do século passado não é apenas uma ideia do que se denominou chamar de neoliberalismo. É uma necessidade premente. O Estado burocrático, rígido, estático e dispendioso não atende mais às necessidades de uma era de globalização da produção e do consumo, de estreitamento de relaciona-

---

1   DI PIETRO. Maria Sylvia Zanella. *Parcerias na Administração Pública*. 6. ed. São Paulo: Atlas, 2008. p. 28.
2   BICALHO, Luciano Medeiros de Andrade. *Extinção dos consórcios públicos:* delimitação do problema. Belo Horizonte: 2006. p. 6.

mentos através da revolução nos meios de comunicação que se encontra em curso. De uma era de grande densidade populacional nas urbes, o que enseja o surgimento de demandas cada vez mais onerosas de infraestrutura básica de saúde, educação, saneamento, dentre outras.

A importância do tema da cooperação federativa se deve ao fato de que, nas sociedades modernas, as políticas públicas possuem elevada complexidade, exigindo uma atuação integrada dos diferentes entes da Federação. Muitas vezes é necessário que o nível federal tenha o papel redistributivo de recursos e que o âmbito local, mais próximo das demandas, seja o executor, especialmente das políticas sociais.

Foi justamente em meio a esse contexto desanimador, notadamente na seara econômica, que surgiu o novel Estado Gerencial, fincado no **Federalismo Cooperativo** e dotado de uma administração pública alinhada ao contexto da economia globalizada, sem olvidar o interesse público nacional, pautando suas ações na descentralização de seus misteres, na atuação cooperativa com outros entes federativos e particulares, mirando-se na otimização de gastos públicos e na eficiente e universal oferta de serviços de interesse coletivo.

Com efeito, a expressão '**Federalismo**' origina-se do verbete latino '*foederis*', que significa ***pacto*** ou ***aliança***. No caso da República Federativa do Brasil, o Princípio Federativo encontra amparo constitucional, dentre outros preceitos normativos, no artigo 19, inciso III, da Constituição Federal de 1988, cuja '*mens legis*' sinaliza no sentido da junção entre as entidades federativas, objetivando a concretização da eficiente administração pública, como bem anota o jurista **Marçal Justen Filho**[3]. *Litteris*:

> Qual é, então, do ponto de vista político, o espírito de Federalismo? É precisamente o espírito de associação. Ao se agrupar no seio de um Estado Federal, os Estados associados aceitam uma autoridade comum para o seu bem, para todos e para cada um, mas conservando um domínio próprio, que se manifesta pela sobrevivência de uma Constituição, de uma legislação, de uma administração e de uma justiça própria.

---

3   JUSTEN FILHO, Marçal. *Parecer*. Disponível em: <http://planalto.gov.br>. Acesso em: 20 fev. 2011.

Note-se, por extremamente oportuno, que a previsão de competências materiais comuns na Lei Fundamental de 1988, *ex vi* do disciplinado nos arts. 3º, 23, 25, 198 e 241, visa justamente à consecução de interesses comuns, por meio de vários arranjos jurídicos, como se verá nos tópicos seguintes.

Com isso, no **Federalismo Cooperativo** privilegia-se a negociação e o acordo intergovernamental, haja vista a natural tendência de redução das políticas que sejam conduzidas por um só governo, havendo uma interdependência e coordenação das atividades governamentais, objetivando o combate aos problemas que são comuns a todos os entes federativos.

Registre-se também que o sistema de repartição de competências legislativas e materiais, essência do Estado Federal, não constitui qualquer óbice à defesa de escopos comuns propugnada no Federalismo Cooperativo, pois os princípios da autonomia e subsidiariedade, que vedam o exercício de controle hierárquico de um nível de governo em outro e informam a primazia das esferas locais e regionais para execução de serviços públicos, convivem harmoniosamente com o **princípio da cooperação**, segundo o qual, caso as instâncias locais não possuam isoladamente condições técnicas ou econômicas para agir, é possível a cooperação dos entes federativos com vista a suprir essas insuficiências em prol do interesse comum.

Destarte, tracejadas as balizas do hodierno Federalismo Cooperativo, impende traçar, para melhor compreensão, ainda que suscintamente, o histórico da Regulação dos serviços públicos no Brasil.

Cumpre ressaltar que o termo "**Regulação**" compreende, em linhas gerais, um conjunto de normas, leis e diretrizes que regulam o funcionamento dos setores nos quais os agentes privados prestam serviços de utilidade pública. Melhor explicando, o marco regulatório de qualquer sistema é o responsável pela criação de um ambiente normativo que concilie os anseios da iniciativa privada ou de demais prestadores de serviços públicos e as expectativas do mercado consumidor.

Com isso, para se analisar a evolução do marco regulatório dos serviços públicos, notadamente os da seara do saneamento básico, impende considerar, como premissa impostergável, o natural crescimento das demandas urbanas e sociais relativas aos serviços públicos em determinados períodos históricos, assim como as oscilações de investimentos no setor a partir das correlações existentes entre as políticas públicas de saneamento e políticas econômicas.

Feitas essas considerações preliminares, sublinhe-se que somente a partir de meados do século XIX, surgiram os primeiros serviços públicos de abastecimento de água e de rede de esgoto, por meio de concessões delegadas à iniciativa privada. Porém, em razão da má qualidade da prestação desses serviços, os mesmos foram encampados, a partir da década de 40, por instituições governamentais.

Ainda nesse contexto, surgiram, a níveis estadual e municipal, os primeiros Departamentos de Água e Esgoto, os quais centralizaram toda a oferta dos referidos serviços públicos, haja vista que eram responsáveis desde o planejamento e a execução de obras no setor até a efetiva operação dos aludidos serviços, destacando-se, por oportuno, que concomitantemente à criação dos referidos Departamentos também se verificaram os iniciais investimentos públicos para o setor.

Já na década de 60, notadamente em razão das limitações técnico-financeiras da maioria dos municípios brasileiros, surgiu o Plano Nacional de Saneamento (PLANASA), criado em 1968, tendo como principal fonte de recursos o Fundo de Garantia do Tempo de Serviço (FGTS), à época sob a gestão do Banco Nacional de Habitação (BNH).

Ocorre que, com a extinção do BNH, em 1986, a política nacional de saneamento experimentou uma forte desaceleração, resultando na falta de investimentos para as Companhias Estaduais e, em última análise, no aumento da precariedade do serviço público ofertado.

Por retratar com extrema objetividade e didática esse modelo administrativo de política pública de saneamento, registra-se o escólio do professor **Rodrigo Pinto de Campos**[4]. *In verbis*:

> O modelo contratual pensado para o saneamento básico na década de 70 assentava-se numa aliança tripartite entre União, Estados e Municípios. Os últimos, na qualidade de — na ampla maioria das situações — titulares do serviço, não dispunham de melhores condições técnica e orçamentárias para fazê-lo deslanchar. Assim, foram criadas empresas estatais estaduais, sob a forma de sociedade de economia mista, às quais seria incumbida a

---

4   In: MOTA, Carolina (org). *Saneamento básico no Brasil:* Aspectos jurídicos da Lei Federal n. 11.445/07. São Paulo: Quartier Latin, 2010. p. 93 e 94.

tarefa de prestar o serviço público, por meio da celebração de contratos de concessão com o poder público municipal. À União, finalmente, competiria, por intermédio dos órgãos do Sistema Financeiro de Habitação, proporcionar mecanismos de financiamento capazes de tornar viável a rápida expansão do abastecimento de água e da coleta e tratamento de esgoto em todo o Brasil.

Em que pese o inegável sucesso inicial do modelo PLANASA, especialmente no tocante à rápida elevação da cobertura de abastecimento de água, uma série de fatos supervenientes, de ordens diversas, passou a miná-lo com força cada vez maior. Sob o prisma econômico, o colapso do Sistema Financeiro de Habitação nos moldes em que havia sido concebido, com a extinção do Banco Nacional de Habitação — BNH — , em 1986, e o consequente estrangulamento dos canais públicos capazes de drenar recursos para o setor, desacelerou drasticamente os investimentos das CEBs na expansão das suas redes de água e esgoto, bem como na construção de novas barragens e estações de tratamento.

Passado o sistema PLANASA, constatou-se um universo de inúmeras dificuldades institucionais, representadas pela inexistência de uma política nacional para os setores de água e esgoto, que exigiam uma urgente retomada de investimentos face a precariedade normativa das anteriores concessões às companhias estaduais e a premente extinção desses instáveis e omissos vínculos jurídicos. Isso sem contar com os crescentes reclamos de regulação do controle social, de universalização dos serviços e da necessidade de definição da titularidade dos multicitados serviços, cujo estágio de indefinições somente concorria para a pulverização das ações governamentais, reduzindo assim, ainda mais a eficácia do setor.

Somente com o advento da Carta Magna de 1988, vislumbrou-se um verdadeiro ambiente normativo favorável à descentralização das competências administrativas dos entes federativos, exigindo-se destes uma remodelagem estrutural para enfrentar os novéis desafios impostos pela ordem global.

Nesse contexto, e no anseio de uma eficiente e moderna regulação, sanciona-se em 2007 aquela que seria, ainda que tardiamente, o marco regulatório do setor de saneamento, a Lei Federal n. 11.445.

2. A LEI N. 11.445/2007 COMO MARCO REGULATÓRIO DO SERVIÇO DE SANEAMENTO BÁSICO: PRINCÍPIOS E REGULAÇÃO SETORIAL

Consoante já registrado no tópico anterior, o acesso aos serviços de saneamento básico é condição fundamental para a sobrevivência digna do ser humano, haja vista que o déficit desse serviço traz consequências graves em termos de saúde pública, meio ambiente e cidadania, notadamente nas áreas periféricas dos centros urbanos e nas zonas rurais, onde se concentra a população mais carente.

Dentre os fatores que concorrem para o citado déficit, ocupam lugar de destaque a fragmentação de políticas públicas e a carência de instrumentos de regulamentação e regulação, situação fática que, por si só, evidencia a importância da temática em exame.

Após mais de duas décadas de discussão, que resultou na elaboração de vários projetos de lei, entre os quais os de ns. 199/91, 266/96, 4.147/01, e 5.296/05, foi promulgada em janeiro de 2007 a Lei Federal n. 11.445. Tal norma estabeleceu diretrizes nacionais para organização, prestação, delegação, fiscalização e regulação dos serviços públicos de saneamento básico e definiu, ainda, a política federal para o setor.

Antes, no entanto, de ingressar no estudo das linhas mestras e bases principiológicas da Lei n. 11.445/2007, impõe-se um alerta didático. Por se tratar de um artigo científico, a presente investigação não ostenta a pretensão de esmiuçar o exame dos institutos jurídicos disciplinados no sobredito Diploma Legal, matéria afeita aos manuais da seara do Direito Administrativo.

Feitas essas necessárias considerações preliminares, cumpre destacar que a lei em comento, conhecida como Marco Regulatório do Saneamento Básico, por objetivar estabelecer novas bases normativas para a prestação de um serviço público essencial a toda a população, ostenta o caráter de observância obrigatória a todos os entes federados, mormente no que se refere às diretrizes para o saneamento básico no Brasil.

Com efeito, o novel Diploma Legal definiu instrumentos e regras para o planejamento, a fiscalização, a prestação e a regulação dos serviços, tendo sido estabelecido o controle social sobre todas essas funções. À luz dos princípios constitucionais e legais, expressos e implícitos, a norma de regência finca as bases para a prestação desse serviço público, dentre outros, nos seguintes postulados axiológicos: princípios da universalização do acesso, da eficiência, da generalidade, da solidariedade, do controle social, da transparência, da atualidade, dentre outros.

Ocupa lugar de destaque no cenário normativo vigente o **Princípio da Universalização**, *ex vi* do disciplinado no art. 2º, inciso I, da Lei n. 11.445/2007, o qual propugna o efetivo acesso do serviço de saneamento básico a todos os indivíduos, como medida necessária para garantir o respeito à dignidade da pessoa humana.

Nesta senda, o **Princípio da Universalização** não se restringe apenas a uma questão meramente econômica e técnica. Ao revés, presta-se a informar a modelação das próprias políticas públicas estatais, exigindo, para sua consecução, medidas de redistribuição e equacionamento de recursos para investimentos e manutenção dos serviços públicos antecitados, a exemplo da criação de fundos e subsídios.

O **princípio da eficiência** é o principal parâmetro de exercício da função regulatória, já que a intervenção dela decorrente exige ponderação entre custos e benefícios, bem como o equilíbrio do sistema. Para isso, impõe-se a observância do princípio da proporcionalidade e do princípio democrático, para que, por meio da participação, os interesses sejam identificados e sopesados, toda vez que houver restrição de direitos.

Intimamente relacionado com o prefalado vetor axiológico se encontra o **Princípio da Generalidade** ou **Princípio da Isonomia**, porquanto a intervenção estatal deve sempre estar voltada para o tratamento equânime da população, por meio de instrumentos que permitam, por exemplo, a adoção de políticas tarifárias módicas, sem descurar a necessidade de estimular o amplo investimento dos setores público e privado nessa seara de interesse coletivo. Deve-se, portanto, compatibilizar a eficiência econômica com a satisfação do usuário/consumidor, especialmente quando envolvidos monopólios, em relação aos quais devem ser minimizadas as forças de mercado por controles sobre os preços ou tarifas e a qualidade dos bens e serviços.

Ainda nesse contexto, apresenta destaque o **Princípio da Solidariedade** que propugna, dentre outros aspectos, a mencionada modicidade tarifária, podendo ser adotadas diferentes tarifas em função do perfil de usuário. Isto permite que determinadas categorias de usuários subsidiem outras menos abastadas. Ainda na mesma linha, também poderão ser adotados subsídios tarifários e não tarifários para localidades que não tenham capacidade de pagamento ou escala econômica suficiente para cobrir o custo integral dos serviços.

Por força do **Princípio da Atualidade**, os serviços devem ser prestados com a utilização de tecnologias apropriadas, prevendo-se a adoção de soluções graduais e progressivas. Igualmente, devem ser consideradas as peculiaridades locais e regionais.

Também não se podem olvidar os **Princípios da Transparência e Independência Decisória**, segundo os quais, a regulação visa garantir maior eficiência na prestação dos serviços a partir da fiscalização das concessionárias, públicas ou privadas, por agências dotadas de qualificação e capacitação técnica, que se utilizem de processos transparentes para a tomada de decisões e cuja autonomia privilegie as decisões técnicas e de longo prazo, em detrimento de interferências externas e pontuais. Este novo cenário, ao trazer mais estabilidade para os agentes que atuam no setor, reduz as incertezas e os custos a ela associadas, e poderá contribuir para a atração de recursos financeiros e para impulsionar o processo de universalização.

Tracejadas as principais bases principiológicas que informam a Lei Nacional de Saneamento Básico, cumpre sublinhar, em linhas gerais, que esta norma ostenta como principais objetivos o estabelecimento de padrões para a adequada prestação dos serviços e para a satisfação dos usuários; garantir o cumprimento das condições e metas estabelecidas; prevenir e reprimir o abuso do poder econômico, ressalvada a competência dos órgãos integrantes do sistema nacional de defesa da concorrência; e definir tarifas que assegurem tanto o equilíbrio econômico-financeiro dos contratos como a modicidade tarifária, mediante mecanismos que induzam a eficiência e eficácia dos serviços e que permitam a apropriação social dos ganhos de produtividade.

Por sua extremada didática, registre-se a lição fornecida pelo jurista **Rodrigo Pironti Aguirre de Castro**[5]. *Ipsis litteris*:

---

5   In: PICININ, Juliana e FORTINI, Cristiana (org). *Saneamento básico: Estudos e pareceres à luz da Lei n. 11.445/2007*. Belo Horizonte: Fórum, 2009. p. 279, 280 e 283/284.

Neste compasso, resta cediço que a Lei Federal tratou de fixar as bases institucionais e regulatórias para que Estados e Municípios, como gestores dessa política, formulassem as suas diretrizes em legislações específicas, em função das peculiaridades regionais e locais, o que se faz de maneira muito incipiente na realidade atual do setor.

Percebe-se que a legislação impõe ao ente regulador, além das atividades normais de fiscalização, regras próprias de aferição da qualidade do serviço e de seu desenvolvimento (art. 23, I, II e III); adequação dos necessários custo-benefício da prestação e o equilíbrio da relação econômico-financeira nos serviços de saneamento (art. 23, IV, V e VI); bem como, informações gerenciais que permitam a aferição não só da eficiência na prestação do serviço, mas principalmente a efetivação de seu resultado, ou seja, sua eficácia (art. 23, VII e VIII).

Portanto, nota-se que, em se tratando de serviço público de saneamento, qualquer que seja o modelo legal escolhido para regulação (consórcios públicos, convênios de cooperação entre entes da Federação, entidades especificamente criadas para esse fim), as características regulatórias inerentes a qualquer entidade reguladora eficiente, principalmente aquelas atinentes a qualificação técnica e independência decisória, devem constituir a única forma efetiva de fiscalização do setor.

Nesta senda, observe-se que a definição legal de **"serviços públicos de saneamento básico"**, disposta no art. 3º, da Lei n. 11.445/2007, comporta, na verdade, um conjunto de serviços e atividades relacionados ao abastecimento de água, ao esgotamento sanitário, à limpeza urbana, entre outros.

Muito embora a comentada norma de regência não tenha enfrentado, com a merecida atenção, a problemática referente à titularidade do serviço público de saneamento básico, papel de relevo conferiu ao município, podendo o mesmo formular a respectiva política pública de saneamento básico, em conformidade com os balizamentos legais já postos, ou autorizar a delegação dos serviços e definir o ente responsável pela sua regulação e fiscalização, bem como firmar os demais institutos de gestão associada, segundo explícito nos tópicos posteriores.

Nesta seara, afigura-se indispensável, ainda, a criação de um órgão regulador independente, responsável tanto pela regulação, quanto pela fiscalização específica desse serviço, de modo a garantir a sua prestação adequada.

A **Função Reguladora**, um dos principais avanços da Lei n. 11.445/2007, tratada com maior detença nos arts. 10, 11, 12, 21 a 27, todos do identificado Diploma Legal, apresenta-se com uma das balizas centrais da Política Nacional de Saneamento Básico, notadamente quando, por exemplo, as empresas de saneamento venham prestar serviços em outros municípios brasileiros não abrangidos pela sua competência delegada.

Essa função administrativa que concorre para o controle e a fiscalização dos serviços públicos, principalmente quando prestados por particulares, arrima-se, em linhas gerais, na necessidade de cumprir as orientações das políticas setoriais, no anseio de introduzir mecanismos para averiguar a eficiência dos prestadores de serviço, bem como o controle da qualidade do saneamento básico e do correlato regime tarifário, sem esquecer, naturalmente, a preocupação com a universalização de acesso, a criação de um ambiente estável e de maior segurança jurídica para os investimentos privados e para a proteção aos interesses dos usuários desses serviços.

Para cumprir tais misteres, a entidade reguladora, consoante prescrição do art. 21, da norma federal sob análise, será regida pelos princípios da independência decisória, orçamentária e financeira, da transparência, tecnicidade, notoriedade e objetividade das decisões.

Destaque-se também que para se alcançar a transparência do processo regulatório, estabelecem-se instrumentos de controle social, permitindo-se aos usuários do serviço de saneamento básico acesso às correlatas informações, bem como o endereçamento de críticas e conflitos ao órgão regulador.

Portanto, a função regulatória, seguindo a orientação do art. 9º, deve estabelecer as obrigações do titular do serviço, com base em estudos fornecidos pelos prestadores de cada serviço específico, atentando para aspectos técnicos peculiares de cada esfera integrante do saneamento básico, tal como o abastecimento de água potável, o esgotamento sanitário, o manejo de águas pluviais e drenagem, a limpeza urbana e o manejo de resíduos sólidos. Deverá ainda estabelecer os direitos e deveres dos usuários e criar mecanismos de controle social.

Ressalte-se ainda, no âmbito da delegação do aludido serviço público, que a existência de um plano de saneamento básico é uma das condições de validade dos contratos que tenham por objeto a prestação desse serviço. No mesmo norte, a referida lei definiu os pré-requisitos de validade para os comentados contratos, disciplinando ainda as características essenciais desse pacto.

Por fim, a norma em questão, no seu art. 23, edita parâmetros para as dimensões técnicas, econômicas e sociais da prestação do serviço público de saneamento.

Desta forma, conclui-se que a sobredita regulação pretende não só proporcionar um ambiente mais estável e juridicamente seguro para a realização de investimentos públicos e privados no setor, minimizando o grau de discricionariedade do regulador, como principalmente ofertando maior amplitude e eficiência do serviço em prol dos usuários.

3. Gestão associada do serviço público de saneamento e os instrumentos jurídicos que materializam tal modelagem de gestão

Segundo restou anotado linhas acima, diante do prefalado contexto de insuficiência das políticas públicas e da falta de um arcabouço normativo sobre a temática em exame, o legislador pátrio, desde a "inauguração" do Estado Democrático de Direito, notadamente com a edição da Lei Maior de 1988, passou a fomentar o papel de destaque dos Municípios Brasileiros.

Com efeito, uma mera leitura de soslaio das normas insculpidas no art. 3º, inciso II e IV, 23, inciso IX, 175 e 241, todos da Constituição Federativa do Brasil de 1988, já revela a sinalização do constituinte pátrio em prol da gestão associada para a eficiente resolução das demandas comuns aos entes federativos.

À guisa de esclarecimento, vale assentar que a **gestão associada de serviços públicos** foi definida no Decreto n. 6.071/07, como:

> O exercício das atividades de planejamento, regulação ou fiscalização de serviços públicos por meio de consórcio público ou de convênio de cooperação entre entes federados, acompanhadas ou não da prestação de serviços públicos ou da transferência total ou parcial de encargos, serviços, pessoal e bens essenciais à continuidade dos serviços transferidos.

Com isso, a gestão associada contempla a possibilidade de cooperação no planejamento, na regulação e na fiscalização, afigurando-se como medida salutar, por exemplo, para os municípios que não possuem condições econômicas e técnicas para executar determinada política pública, notadamente diante das atuais limitações dos gastos públicos proporcionadas pela Lei de Responsabilidade Fiscal, favorecendo, assim, o federalismo cooperativo.

Por óbvio, o compartilhamento de recursos materiais e humanos entre as entidades federativas concorre para o alcance de resultados comuns que possivelmente não seriam concretizados por nenhuma unidade isoladamente, a exemplo dos pequenos municípios. Ademais, sublinhe-se que a comentada congregação de esforços em torno de um objetivo comum representa um maior atrativo para os investimentos privados no setor, porquanto se traduz uma maior garantia de retorno para os particulares em cooperação com os entes públicos.

E essa orientação é seguida por inúmeros diplomas infraconstitucionais, a exemplo das Leis ns. 8.987/95 (Lei de Concessões) e 11.079/04 (Lei das Parcerias Público Privado).

Neste mesmo norte, e como não poderia ser diferente, posiciona-se a Lei n. 11.445/07 (Lei Nacional de Saneamento Básico), que confere proeminência ao planejamento, regulação e prestação associada do relevante serviço de saneamento básico, como apontam os arts. 9º, inciso II, 13, dentre outros.

Aqui também cabe um alerta, a Constituição Federal, atenta às peculiaridades regionais e às diferenças econômicas, sociais e culturais dos Municípios Brasileiros, não estabeleceu um modelo normativo único ou padrão para a operacionalização da gestão associada, como bem anota o jurista **Vinícius Marques de Carvalho**[6]. *Litteris*:

> A Constituição Federal institucionalizou uma nova arena para o estabelecimento de acordo entre os vários atores pertencentes ao cenário metropolitano, permitindo o surgimento de formatos institucionais flexíveis, mais condizentes com as diferentes realidades regionais e resistentes à dicotomia entre centralização e descentralização.

---
6   In: MOTA, Carolina (org). *Saneamento básico no Brasil:* Aspectos jurídicos da Lei Federal n. 11.445/07. São Paulo: Quartier Latin, 2010. p. 67.

Do mesmo modo vaticina a doutrinadora **Camila Pezzino Balaniuc Dantas**[7]. *In verbis*:

> Conforme lição de Gustavo Binenbojm, 'a Constituição brasileira não adota um regime de tipicidade fechada em relação às modalidades contratuais que podem vir a ser instituídas e utilizadas pelo Poder Público para melhor execução de suas tarefas'.

Tracejadas essas considerações, e sem pretender esgotar o riquíssimo exame da matéria, porquanto não é este o propósito deste singelo trabalho, passa-se a estabelecer a análise genérica sobre os principais instrumentos legais disponibilizados aos entes federais para a materialização da almejada gestão associada de serviço público de saneamento.

3.1. Dos consórcios públicos

Importante instrumento da gestão associada são os Consórcios Administrativos. Neles, em linhas gerais, a partir da criação legal de uma pessoa jurídica que comporta os entes consorciados, permite-se a execução material dos serviços em consonância com as premissas principiológicas da Lei Nacional de Saneamento Básico (Lei n. 11.445/2007), haja vista que a normatização, o controle, a fiscalização e o rateio financeiro ficam a cargo dos próprios entes associados.

A instituição deste instrumento jurídico de atuação conjunta veio possibilitar o estabelecimento de relações de cooperação seguras, estáveis e transparentes. Inicialmente ostentando, no regime constitucional de 1891, a roupagem de meros pactos de colaboração celebrados por Municípios ou pelos estados, passou, já sob a égide da Constituição Federal de 1937, a figurar como verdadeiros atos jurídicos coletivos que, ao contrário dos contratos, não perseguiam interesses opostos, mas sim interesses convergentes e paralelos, resultando na criação de autarquias.

---

7   In: PICININ, Juliana e FORTINI, Cristiana (org). *Saneamento básico:* Estudos e pareceres à luz da Lei n. 11.445/2007. Belo Horizonte: Fórum, 2009. p. 69.

Esse também é o magistério dos juristas **Cristiana Fortini** e **Rúsvel Beltrame Rocha**[8]. *Ipsis litteris*:

> O art. 241 da Constituição da República reforça o caráter cooperativo, ao prever que os entes federados disciplinarão por meio de Lei os convênios de cooperação e os consórcios, autorizando a gestão associada dos serviços públicos, bem como a transferência total ou parcial dos encargos, serviços, pessoal e bens essenciais à continuidade dos serviços transferidos.
>
> Os consórcios, embora também possam se destinar à gestão associada de serviços públicos e à transferência nos moldes do art. 241 da Constituição de 1988, são entidades (pessoas jurídicas), e não mero ajuste/pacto, embora sua existência reflita um acordo de vontades manifestado em protocolo de intenções ratificado por lei de cada um dos partícipes.

No mesmo sentido, arremata a doutrinadora **Vera Monteiro**[9]. *Verbis*:

> A gestão associada de serviços públicos, portanto, realiza-se por meio de convênio de cooperação ou por consórcio público. Em outras palavras, a decisão pela associação, e os termos em que se dará a gestão associada dos serviços envolvidos, pode ser feita por meio de um desses dois instrumentos, seguindo-se, quando for o caso, a celebração de contrato de programa para constituir as partes contratantes em obrigações específicas.

O estabelecimento destes instrumentos de cooperação depende, portanto, exclusivamente da vontade de cada ente da Federação que, cumpridas as suas obrigações, pode sair do consórcio público ou da gestão associada no momento que aprouver a cada um.

No tocante ao procedimento destinado à formação dos consórcios públicos, contempla a legislação a necessidade de subscrição e posterior ratificação do protocolo de intenções, exigindo-se para esta a publicação de lei do ente federativo, por meio da qual deverá demonstrar sua inten-

---

8   In: PICININ, Juliana e FORTINI, Cristiana (org). *Saneamento básico:* Estudos e pareceres à luz da Lei n. 11.445/2007. Belo Horizonte: Fórum, 2009. p. 142 e 145.
9   In: MOTA, Carolina (org). *Saneamento básico no Brasil:* Aspectos jurídicos da Lei Federal n. 11.445/07. São Paulo: Quartier Latin, 2010. p. 150 e 151.

ção em atuar como membro do consórcio. O ente público fica dispensado de promover a referida ratificação caso tenha disciplinada por lei a sua participação no consórcio público, antes de subscrever o protocolo de intenções, consoante previsto no art. 5º, § 4º, da Lei n. 11.107/2005.

Melhor explicitando as etapas de constituição dos Consórcios Públicos, face a sua importância para o estudo deste instituto jurídico, registra-se que o **Protocolo de Intenções**, o qual corresponde à primeira fase de formação do multicitado instrumento de cooperação, é considerado o documento inicial dessa figura jurídica, contemplando o seu conteúdo os seguintes aspectos: (a) as competências cujo exercício se transferiu ao consórcio público; (b) os serviços públicos objeto da gestão associada e a área em que serão prestados; (c) a autorização para licitar ou outorgar concessão, permissão ou autorização da prestação dos serviços; (d) as condições a que deve obedecer o contrato de programa, no caso de a gestão associada envolver também a prestação de serviços por órgão ou entidade de um ente da federação consorciado; e, por fim, (e) os critérios técnicos para cálculo do valor das tarifas e de outros preços públicos, bem como para seu reajuste ou revisão.

Ainda o protocolo de intenções definirá as normas de convocação e funcionamento da assembleia consorcial, bem como para a elaboração, aprovação e alteração dos estatutos que regerão o funcionamento do consórcio público.

Elaborado esse contrato inicial, deve o mesmo ser publicado, para conhecimento público, especialmente da sociedade civil de cada um dos entes federativos que o subscrevem.

Em seguida, deve-se realizar a etapa de Ratificação do Protocolo de Intenções, por meio de leis, a rigor, de todos os entes consorciados.

Ultimadas as etapas anteriores, será convocada a assembleia geral do consórcio público, que verificará a ratificação do protocolo por parte da cada consorciado, proclamando o consórcio como constituído. A seguir, decidirá sobre os estatutos que, em tudo, deverão obedecer ao contrato de consórcio público. Geralmente, nessa Assembleia Geral de Fundação também se efetua a eleição da primeira diretoria do consórcio.

Logo após, pactua-se o **Contrato de Rateio**, o qual disciplina as obrigações financeiras dos entes reunidos em consórcio, firmando o compromisso de fornecimento de recursos para a realização das despesas dos entes associados, em plena observância aos princípios da legalidade e a prévia dotação orçamentária.

Outro instrumento importante para dinamizar a atuação dos consórcios e dos convênios de cooperação é o **Contrato de Programa**. Por meio desse contrato acessório busca-se efetivar a prestação do serviço objeto da gestão associada. Vale dizer, o contrato de programa cumpre a função de regular as obrigações que um ente da federação assume para com outro ente da federação ou para com consórcio público, no âmbito de gestão associada de serviços públicos em que haja a prestação de serviço ou a transferência total ou parcial de encargos, serviços, pessoal ou de bens necessários à continuidade dos serviços transferidos.

Portanto, os consórcios públicos mostram-se adequados para a regulação dos serviços de saneamento básico, especialmente naqueles municípios que não ostentam as capacidades técnico-financeiras necessárias para a prestação do serviço público, figurando, assim, como um importante instrumento de cooperação federativa, pois permite uma maior articulação institucional entre os entes da Federação.

3.2. DAS CONCESSÕES

Por meio do contrato administrativo de **concessão simples**, a Administração municipal outorga a outro ente público ou a um particular o exercício da prestação dos serviços de saneamento básico, retendo, para si, a titularidade do serviço. O concessionário encarrega-se de fazer, com recursos próprios ou captados em seu nome, os investimentos necessários para ampliar e melhorar a prestação das atividades. Metas e padrões de desempenho são discriminados no contrato, de modo que o concessionário seja juridicamente obrigado a manter o serviço público delegado *adequado*, atendendo não só a metas *quantitativas* (de número de usuários atendidos), como também *qualitativas* (tomando-se em consideração a quantidade final de resíduos tratados, a utilização de tecnologia de ponta na prestação da atividade, mensurando-se o grau de satisfação do consumidor etc.).

Veja-se que o município delega, pela concessão, apenas sua *prestação*, mantendo consigo a *titularidade* e a administração gerencial do serviço prestado, figurando a busca da eficiente execução do multicitado serviço e a inserção da iniciativa privada na resolução dos problemas coletivos de elevado custo financeiro, como principais pontos positivos desse instrumento de cooperação.

3.3. Das Parcerias Público-Privadas

Segundo já enfatizado em anteriores tópicos, a poupança interna da maioria dos entes federativos não ostenta força para financiar investimentos, nem apresenta credibilidade externa para obter recursos de longo prazo para infraestrutura, situação que vem estimulando a formulação de parcerias público-privadas.

No caso brasileiro, os ajustes entre a Administração Pública e os particulares remonta aos tempos do Império, quando, por exemplo, as ferrovias públicas eram financiadas por acionistas privados.

Destaque-se que o apoio às parcerias público-privadas vem apresentando tamanha importância na atualidade que o próprio Banco Mundial, por meio do Documento de Assistência ao Brasil 2004/2007, sugeriu que o País realizasse a previsão de dotações orçamentárias para fomentar a esse instrumento de gestão associada.

Alinhavadas essas considerações gerais, cumpre estabelecer uma noção introdutória acerca desse instituto jurídico. A definição legal da Parceria Público-Privada consta no art. 2º da Lei Federal n. 11.079/2004, segundo o qual, trata-se de **"contrato administrativo de concessão na modalidade patrocinada ou administrativa"**.

Desta forma, as parcerias público-privadas representam, a rigor, liames jurídicos entre a Administração Pública e a iniciativa privada objetivando a execução, total ou parcial, dos correlatos serviços públicos e atividades, ficando a cargo do parceiro privado o necessário investimento na infraestrutura, enquanto o setor público se responsabiliza pela remuneração parcial do multicitado serviço, como didaticamente anota o jurista **Marçal Justen Filho**[10]. *In litteris:*

> Parceria público-privada é um contrato organizacional, de longo prazo
> de duração, por meio do qual se atribui a um sujeito privado o dever de

---
10 JUSTEN FILHO, Marçal. *Curso de direito administrativo.* São Paulo: Saraiva, 2005. p. 549.

executar obra pública e (ou) prestar serviço público, com ou sem direito à remuneração, por meio da exploração da infraestrutura, mas mediante uma garantia especial e reforçada prestada pelo Poder Público, utilizável para a obtenção de recursos no mercado financeiro.

Realce-se que as parcerias público-privadas ostentam um regime jurídico similar ao das concessões comuns, ressaltando-se, apenas, dentre as especificidades daqueles instrumentos jurídicos, o montante econômico e lapso temporal mínimos — *respectivamente R$ 20.000.000,00 (vinte milhões de reais) e o prazo de 05 (cinco) anos* — além do objeto contratual que não pode se cingir ao fornecimento de mão de obra, o fornecimento e a instalação de equipamentos, donde se extrai a previsão de repartição objetiva dos riscos entre os contratantes, *ex vi* do previsto no art. 5º, inciso III, da Lei n. 11.079/2004.

Exemplo de PPP exitosa no setor de saneamento foi a firmada em 11.7.2008 entre a empresa CAB Ambiental e o Município de Guaratinguetá, no Estado de São Paulo, objetivando a coleta, tratamento de esgotos sanitários e disposição do lodo, mediante contrato no valor de R$ 271 milhões.

Por fim, destaque-se que o novel diploma legal mencionado também estabelece arranjos contratuais com mais garantias para o parceiro privado, a exemplo de garantias financeiras em virtude do término antecipado do pacto, instituição ou utilização de fundos especiais, livres de contingenciamento orçamentário, entre outros, tudo visando atrair investidores e estimular a gestão associada.

3.4. DOS CONVÊNIOS DE COOPERAÇÃO

Outro instrumento que se presta a materializar a já comentada gestão associada é o *'Convênio de Cooperação'*, segundo prescreve o art. 241 da Lei Fundamental de 1988.

De início, sustentava-se que os convênios de cooperação poderiam ser realizados entre pessoas e entidades diferentes, convergindo para uma mesma finalidade de interesse comum, que necessariamente não precisava ser da competência de todas e de cada uma delas. Diferentemente, reservava-se a figura do consórcio para os ajustes celebrados entre entidades da mesma espécie e da mesma competência. Nesse sentido, desenvolveu-se amplamente, em todo o País, a instituição de consórcios intermunicipais, e de alguns isolados convênios interestaduais.

Na atualidade, no entanto, não persiste a comentada diferenciação, reservando-se o âmbito do convênio de cooperação para o ajuste entre entes federativos com vistas à mera execução de decisões adotadas na órbita administrativa do titular do serviço público, não chegando sequer a gerar uma pessoa jurídica.

Destarte, fácil perceber que o ambiente dos convênios de cooperação é muito mais restrito que o da gestão associada autorizada por consórcio público, não apresentando, de igual forma, do ponto de vista prático, o mesmo estímulo para a materialização de pactos associativos.

4. Oportunidades na universalização do serviço público de saneamento, linhas de financiamento e atuação dos organismos internacionais como fomentadores do setor

Após muitos anos de gestão centralizada, mormente no período militar, a regularização da relação Público-Privada teve início, nos moldes atual, com a edição da Lei n. 8.987/1995, chamada Lei das Concessões, antecessora da Lei das PPP's (**n. 11.079/2004**) **que tramitou quase em paralelo com a** Lei n. 11.217/2005, conhecida como Lei dos Consórcios Públicos, que regulou a relação entre federativos e estruturou o conjunto normativo da multicitada gestão associada.

Nesse embalo, a Lei do Saneamento n. 11.445/2007, e seu decreto Regulamentador n. 7.217/2010, passa a ser o marco regulatório do setor de saneamento no Brasil, nascendo amparada em normas capazes de dar o devido suporte às moldagens necessárias à consecução dos objetivos e princípios contidos na referida norma.

É sabido que o investimento ainda é muito tímido em saneamento no Brasil, o que torna a universalização muito distante. Segundo dados do Ministério das Cidades, menos de 30% das obras do PAC foram concluídas até 2010. Tal percentual é agravado pela realidade estampada nas 81 maiores cidades do País (+ de 300 mil habitantes), que produzem, diariamente, quase 6 bilhões de litros de esgoto sem tratamento algum.

Como dito, a participação privada na prestação do serviço de saneamento básico no Brasil ainda é muito restrita, contrastando com a realidade brasileira, que proporciona um enorme potencial nesse segmento para investidores.

Tal filão é proporcionado pela alta concentração populacional nas cidades brasileiras, pela ausência de atendimento em muitas regiões, pela ineficiência de grande parte das companhias municipais e estaduais, e pelas referidas limitações de investimento público.

A atração do capital privado para o investimento no setor do saneamento tem sido incentivada pelos entes federados, assim como pelas instituições financeiras e de fomento, face a necessidade de investimentos em outros setores de infra-estrutura e diante da imensurável carência de um serviço eficiente de fornecimento de água e esgoto.

Para assegurar investimentos satisfatórios, a Lei Nacional do Saneamento deu atenção especial à regulação do setor, que proporciona maior segurança aos investidores privados, subtraindo do Poder Público a discricionalidade existente em outros setores, aumentando, por certo, a segurança nas relações jurídicas. Somemos a isso a necessidade de métodos eficientes de governança coorporativa como condição para captação de recursos.

Afora os investimentos financeiros da iniciativa privada, que certamente colaborarão com a busca pela universalização do serviço de saneamento, outro ponto fundamental da participação privada no setor de saneamento é a eficiência do serviço que tende a melhorar face à concorrência que passa a existir.

Dentre os agentes fomentadores, mormente do investimento privado no setor de saneamento, cumpre destacar o papel do IFC, do BID, do BNDES e da Caixa Econômica Federal — CEF.

4.1. IFC — INTERNACIONAL FINANCE CORPORATION

O IFC, braço financeiro do Banco Mundial, tem o objetivo de fomentar o investimento sustentável do setor privado dos países em desenvolvimento, concedendo empréstimos, capital, produtos para a gestão de riscos e financiamento estruturado, e serviços de consultoria para o desenvolvimento do setor privado nos países em desenvolvimento.

A adaptação às necessidades dos mercados emergentes fizeram com que o IFC deixasse de ter, predominantemente, a função de financiador de projeto para empresas de países em desenvolvimento, passando também a ser responsável pelo: desenvolvimento de produtos financeiros inovadores; pela ampliação da capacidade de prestar assistência técnica; e pelo aprofundamento da competência em governança corporativa, questões ambientais e sociais.

No setor de saneamento, a atuação do IFC é de suma importância, pois complementa programas oficiais (PAC-OGU, CEF E BNDES); financia contrapartidas; promove a participação societária em SPE's; contribui tecnicamente com a assistência de engenheiros do próprio IFC; e promove mecanismos para ajudar empresas menos sofisticadas e com pouco acesso a financiamentos a obterem melhora operacional.

4.2. BNDES — Banco Nacional do Desenvolvimento Econômico e Social

O BNDES (Banco Nacional do Desenvolvimento), atua como importante agente fomentador de investimento, mormente na área Ambiental, que inclui o setor de saneamento básico.

Por meio do Departamento de Saneamento do banco, vinculado à Área de Inclusão Social -AS/DESAM, o BNDES tem vital participação no investimento em saneamento no Brasil, com Carteira Ativa (Jan./11) de R$ 9,7 bi em operações RF (95 operações de crédito), compreendendo: 13 operações enquadradas e em fase de análise (R$ 1 bi); 5 aprovadas em fase de contratação (R$ 207 mi); 50 contratadas e em fase de desembolso (R$ 5,7 bi); 27 desembolsadas e em fase de amortização (R$ 2,7 bi); além de R$ 1 bilhão referente a 9 operações em Consulta e Perspectiva.

Os contratos de financiamento do BNDES podem ser via apoio direto ou por repasse, e se dão por instrumentos de mercado, debêntures simples/conversíveis, subscrição de ações, entre outros.

O BNDES fomenta investimentos públicos e privados no setor de saneamento que busque a universalização do acesso aos serviços de saneamento básico, além da reconstituição de áreas ambientalmente degradadas.

A linha de financiamento (Saneamento Ambiental e Recursos Hídricos) abrange investimentos relacionados ao abastecimento de água; esgotamento sanitário; efluentes e resíduos industriais; resíduos sólidos; gestão de recursos hídricos (tecnologias e processos, bacias hidrográficas); recuperação de áreas ambientalmente degradadas; desenvolvimento institucional; despoluição de bacias, em regiões onde já estejam constituídos Comitês; e macrodrenagem.

O foco de tal linha são as sociedades com sede e administração no Brasil, ainda que de controle estrangeiro, empresários individuais, associações, fundações e pessoas jurídicas de direito público.

4.3. BID — Banco Interamericano de Desenvolvimento

Outro importante agente no desenvolvimento do setor de Saneamento no Brasil tem sido o BID, que por meio do Programa de Empreendedorismo Social (PES) vem desenvolvendo mecanismos de financiamento que fornecem soluções para problemas sociais que afligem as camadas sociais mais carentes.

O referido programa financia (empréstimos ou subvenções) empresas privadas, sem fins lucrativos e organizações locais que fornecem serviços financeiros, comerciais, sociais e de desenvolvimento comunitário à população carente.

Nessa linha o BID apoia soluções empresariais para a pobreza por meio, dentre outras, do Financiamento à Prestação de Serviços Básicos, cujos projetos podem ser iniciativas-piloto ou projetos sociais com abordagem de negócios que podem ser ampliados, ocasionando efeito de demonstração no fornecimento de serviços básicos.

4.4. CEF — Caixa Econômica Federal

A Caixa Econômica Federal é, sem dúvida, a instituição financeira que mais fomenta o investimento público em infraestrutura no País. Especificamente em relação ao saneamento básico, a CEF, por intermédio do Programa "Saneamento para Todos, busca financiar empreendimentos públicos e privados, promovendo a melhoria das condições de saúde e de qualidade de vida por meio de ações de saneamento básico vinculadas com outras políticas setoriais.

Os recursos disponíveis para o Programa Saneamento para Todos são provenientes do orçamento do Plano de Contratações e Metas Físicas do FGTS, na rubrica Saneamento, e são destinados, além do Poder Público, a empresas privadas concessionárias ou subconcessionárias de serviços públicos de saneamento básico.

Dentre as modalidades a que se destinam os recursos do "Saneamento para Todos", temos: Abastecimento de água; esgotamento sanitário; saneamento integrado; desenvolvimento institucional; manejo de água pluvial; manejo de resíduos sólidos; manejo de resíduos da construção e demolição; preservação e recuperação de mananciais; e estudos e projetos.

No que tange às contrapartidas mínimas, nas operações com o setor público, a mesma é de 5% do valor do investimento, com exceção da modalidade de Abastecimento de Água em que a mesma é de 10%. Em relação ao setor privado, a contrapartida mínima é de 20% do investimento.

O pleito para participar do programa deve ser feito diretamente ao Ministério das Cidades, por meio de Carta-Consulta, tão logo o processo de seleção esteja disponível no *site* de tal órgão.

5. Conclusão

À guisa de conclusão, impende constatar que toda e qualquer atividade ou ação de interesse público, desenvolvida direta ou indiretamente pelo ente estatal, deve perseguir a produção de melhores resultados, deve estar calcada no critério da eficiência administrativa e, por isso, dependendo da área em que devam ser desenvolvidas e das necessidades que devam satisfazer, exige uma maior sinergia entre os entes federativos e entre estes e a iniciativa privada, desde que, por óbvio, vicejem essas parcerias em bases jurídico-normativas transparentes, com respeito à observância dos princípios e das regras de direito público, aplicáveis a tais hipóteses.

Por certo, o compartilhamento de recursos por meio de gestões associadas propicia condições para que entes públicos consigam atingir resultados que dificilmente conseguiriam sozinhos, em especial na realização de políticas públicas no setor do saneamento básico.

Evidencia-se que o sucesso de qualquer modelo normativo depende da existência de uma estrutura regulatória que seja capaz de acompanhar os custos de prestação do serviço, estabelecer padrões de qualidade, fiscalizar as empresas concessionárias e planejar os investimentos necessários.

No tocante ao essencial investimento privado no setor de saneamento, obviamente que apesar de afigurar-se viável economicamente, dependerá para a sua implementação e consolidação das linhas de financiamento dos agentes financeiros, assim como de uma eficiente atividade regulatória, capaz de transmitir a segurança jurídica que anseiam os investidores, mormente os internacionais.

O grande desafio do Estado brasileiro, e principalmente dos seus Municípios mais carentes, é justamente saber coordenar devidamente a execução compartilhada das políticas públicas de saneamento, elegendo o regime jurídico mais consentâneo com as suas peculiaridades e sobretudo na perspectiva do Estado Democrático de Direito.

REFERÊNCIAS BIBLIOGRÁFICAS

ALEXANDRINO, Marcelo e PAULO, Vicente. *Direito administrativo descomplicado*. 17. ed. São Paulo: Método, 2009.

BARACHO, José Alfredo de Oliveira. *O princípio da subsidiariedade:* conceito e evolução. Rio de Janeiro: Forense, 1996.

BICALHO, Luciano Medeiros de Andrade. *Extinção dos consórcios públicos:* delimitação do problema. Belo Horizonte: 2006.

CARVALHO FILHO, José dos Santos. *Manual de direito administrativo*. Rio de Janeiro: Lumen juris, 2003.

CROISAT, Maurice. *El federalismo en las democracias comteporáneas*. Barcelona: Hacer, 1995.

DI PIETRO. Maria Sylvia Zanella. *Parcerias na Administração Pública*. 6. ed. São Paulo: Atlas, 2008.

JUSTEN FILHO, Marçal. *Parecer*. Disponível em: <http://planalto.gov.br>. Acesso em: 20 fev. 2011.

_____. *Curso de direito administrativo*. São Paulo: Saraiva, 2005.

MEIRELLES, Hely Lopes. *Direito municipal brasileiro*. 13. ed. atual. São Paulo: Malheiros Editores, 2003.

MELLO, Celso Antonio Bandeira de. *Curso de direito administrativo*. 15. ed. São Paulo: Malheiros, 2003.

MOTA, Carolina (org). *Saneamento básico no Brasil:* aspectos jurídicos da Lei Federal n. 11.445/07. São Paulo: Quartier Latin, 2010.

PICININ, Juliana e FORTINI, Cristiana (org). *Saneamento básico:* Estudos e pareceres à luz da Lei n. 11.445/2007. Belo Horizonte: Fórum, 2009.

SUNDFELD, Carlos Ari (coord.). *Parcerias público-privadas*. São Paulo: Malheiros, 2005.

CAPÍTULO VIII
SANEAMENTO BÁSICO E CRÉDITOS DE CARBONO

RAFAEL SOUZA

Sumário: *1. Introdução. 2 Créditos de carbono — das metas programáticas de redução do efeito estufa aos mecanismos de mercado. 3. Saneamento básico e geração de créditos de carbono. 4. Ciclo dos projetos de crédito de carbono. 4.1 Cenário pós 2012, com eventual não ratificação em termos semelhantes do Protocolo de Quioto. 5. Conclusões.*

1. INTRODUÇÃO

Além da perspectiva política de prevenção de doenças e regulação do meio ambiente urbano, a atividade de saneamento básico[1] pode ser focalizada como atividade para mitigação do fenômeno do aquecimento global, e possível geração de créditos de carbono para a entidade que desenvolver ordenadamente projetos de tratamento dos efluentes e de manejo de resíduos sólidos.

---

1   Lei Federal n. 11.445/2007 — **Art. 3º** Para os efeitos desta Lei, considera-se: I — saneamento básico: conjunto de serviços, infraestruturas e instalações operacionais de: a) <u>abastecimento de água potável</u>: constituído pelas atividades, infraestruturas e instalações necessárias ao abastecimento público de água potável, desde a captação até as ligações prediais e respectivos instrumentos de medição; b) <u>esgotamento sanitário</u>: constituído pelas atividades, infraestruturas e instalações operacionais de coleta, transporte, tratamento e <u>disposição final adequados dos esgotos sanitários</u>, desde as ligações prediais até o seu lançamento final no meio ambiente; c) <u>limpeza urbana e manejo de resíduos sólidos</u>: conjunto de atividades, infraestruturas e instalações operacionais de coleta, transporte, transbordo, tratamento e <u>destino final do lixo doméstico</u> e do lixo originário da varrição e limpeza de logradouros e vias públicas.

Isso porque o efluente esgoto gera gases de efeito estufa que implicam no aquecimento global, como suscita Sonia Valle Walter Borges de Oliveira[2]:

> "Muitas atividades humanas trouxeram problemas ambientais, como o lançamento de resíduos orgânicos no meio ambiente — tanto sólidos como líquidos -, sem o devido tratamento adequado. Esses resíduos, além de fontes de poluição em si, são importantes substratos para um consórcio de organismos que os transformam em energia para a sua sobrevivência, eliminando, como subprodutos, gases de efeito estufa (GEE), como gás carbônico (CO_2) e metano (CH_4). Esses fenômenos ocorrem durante os processos biológicos da degradação da matéria orgânica de forma natural no meio ambiente, seja com ou sem a presença de oxigênio.

Da mesma forma, quanto ao aterro sanitário, a emissão de gases de efeito estufa é mais contundente pela concentração da matéria orgânica e decomposição, como prossegue a autora:

> "Com o desenvolvimento de processos biológicos de tratamento para esses resíduos, alcançou-se uma melhoria ambiental na destinação dos mesmos, no entanto, com pouca redução no lançamento de GEE na atmosfera.
>
> (...)
>
> Ao mesmo tempo que a tecnologia trouxe processos sofisticados de tratamento de resíduos para que estes não mais fossem lançados diretamente na natureza, também **apareceram os efeitos ambientais de emissão de GEE, fazendo com que a tecnologia também se voltasse para a redução de emissões de gases, principalmente metano (CH_4), por ter um potencial de aquecimento global 23 vezes maior que o do dióxido de carbono (CO_2)** (IPCC, 2001).

Logo, havendo desorganização urbana, haverá a dispersão dos efluentes e resíduos, e (além do problema sanitário principal) haverá a

---

2   Cf. *Processos anaeróbios de tratamento de resíduos e elegibilidade para Projetos de MDL"*. OLIVEIRA, Sonia Valle Walter Borges de. SOUZA, Rafael Pereira de (coord.) *LEXNET — Aquecimento global e créditos de carbono* — aspectos jurídicos e técnicos — São Paulo: Quartier Latin, 2007.

pontual emissão de gases de efeito estufa, sem possibilidade de um controle sistematizado de formas de redução dessas emissões.

A outorga da concessão para empresas operarem em saneamento básico[3] poderia considerar de logo a mitigação do aquecimento global, à medida que contemplasse de logo a titularidade ao empreendedor para promover projetos de redução de emissão de gases de efeito estufa, tanto para o esgotamento sanitário como para o tratamento de resíduos.

O tema é de interesse pois pode ser considerado atrativo para a análise de investimento na atividade, considerando as características continentais brasileiras e a densidade populacional.

Para o esgotamento sanitário, um sistema comum de tratamento dos efluentes urbanos compreende a captação de efluentes e aplicação na massa de esgoto captada, de métodos físico-químicos para a redução de características impactantes, com posterior disposição em curso de água corrente. O *plus* consiste em agregar, às técnicas já empregadas, métodos de mitigação de geração de gases de efeito estufa, e ainda, com o atendimento de metodologia que permita uma aferição dos resultados dessa atividade.

O presente artigo se propõe a indicar, em linhas gerais, os fundamentos jurídicos para a formalização de projetos de créditos de carbono na atividade de saneamento básico, **como elemento acessório da concessão feita pelos Municípios às empresas**, já descortinando oportunidades em um futuro próximo, a partir do cenário jurídico internacional quanto às prováveis modificações do Protocolo de Quioto.

2. Créditos de carbono — das metas programáticas de redução do efeito estufa aos mecanismos de mercado

Especificamente no final da 1ª década do século XXI há uma discussão mais elaborada quanto à identificação do fenômeno do aquecimento

---

[3] Lei n. 11.445/2007: Art. 8º Os titulares dos serviços públicos de saneamento básico poderão delegar a organização, a regulação, a fiscalização e a prestação desses serviços, nos termos do art. 241 da Constituição Federal e da Lei n. 11.107, de 6 de abril de 2005.
Art. 10. A prestação de serviços públicos de saneamento básico por entidade que não integre a administração do titular depende da celebração de contrato, sendo vedada a sua disciplina mediante convênios, termos de parceria ou outros instrumentos de natureza precária.

global e necessidade de redução de emissão de gases que são a causa do fenômeno (chamados de "gases de efeito estufa"). As raízes desse interesse podem decorrer, inclusive, após a subscrição do tratado internacional Convenção-Quadro das Nações Unidas para a Mudança do Clima (CQNUMC)[4]. O tratado reconhece a concentração elevada de gases de efeito estufa (preponderantemente o CO_2) e considera os efeitos maléficos do aquecimento global em razão da elevação anormal do efeito estufa.

A Convenção-Quadro também estimula os países signatários a incrementar a administração de resíduos[5] que concorram para a emissão de gases de efeito estufa, e traçou metas programáticas no sentido de impelir os países subscritores a realizar medidas de redução de emissões dos gases que alimentam esse fenômeno[6].

Quanto à redução de emissões de gases de efeito estufa, despontou o mercado de créditos de carbono, estando o Brasil em ativa participação, respondendo historicamente pela 3ª posição na quantidade de projetos de redução de emissão de gases de efeito estufa (atrás de China e Índia, à frente do México e demais países)[7].

A compreensão do mercado de créditos de carbono pressupõe o entendimento articulado dos seguintes fatos, pelo lado da demanda:

a) que exista uma forma consolidada e aceita para mensurar a emissão de gases de efeito estufa, por cada segmento de atividade;

b) uma exigência de cumprimento de metas de reduções de emissões de gases de efeito estufa, para um determinado grupo de entidades;

---

[4] Lançada no Brasil, ao evento Conferência das Nações Unidas sobre Meio Ambiente e Desenvolvimento, chamada de "ECO 92", ratificada por 165 países.

[5] Art. 4º, c descreve a seguinte obrigação aos países: c) Promover e cooperar para o desenvolvimento, aplicação e difusão, inclusive transferência, de tecnologias, práticas e processos que controlem, reduzam ou previnam as emissões antrópicas de gases de efeito estufa não controlados pelo Protocolo de Montreal em todos os setores pertinentes, inclusive nos setores de energia, transportes, indústria, agricultura, silvicultura e **administração de resíduos**.

[6] Cf. *A Convenção-Quadro das Nações Unidas sobre mudança do clima*". DAMASCENO, Mônica. SOUZA, Rafael Pereira de (coord.) *LEXNET — Aquecimento global e créditos de carbono* — Aspectos Jurídicos e Técnicos — São Paulo: Quartier Latin, 2007.

[7] Fonte: MCT, <http://www.mct.gov.br/index.php/content/view/30317.html>. Acesso em: jul. 2011.

c) uma dificuldade de cumprimento dessas metas, pelas entidades que devam cumpri-las;

d) uma aplicação de uma sanção financeira pelo descumprimento dessas metas.

Estabelecida a demanda, a oferta revela-se à medida que existam os seguintes pressupostos:

a) existam outras entidades, não incluídas no grupo das que são obrigadas a cumprir metas de redução de emissões de gases de efeito estufa, que também sejam capazes de reduzir as suas emissões;

b) tais entidades também possam mensurar a quantidade de gases de efeito estufa que deixem de emitir, na medida em que alterem seus processos industriais, ou o tratamento de resíduos, ou gerem energia;

c) a quantidade de gases de efeito estufa reduzida e mensurada, pelas entidades desobrigadas, possa ser certificada por uma terceira entidade, aceita pelas entidades obrigadas ao cumprimento das metas de redução, e ainda, aceita pelo órgão sancionador;

d) seja permitida a transferência, de quantidades de emissão reduzida, das entidades desobrigadas, para as entidades obrigadas.

O marco jurídico para o mercado de carbono é o Protocolo de Quioto[8]. Seus dispositivos dão as bases para a situação acima, senão vejamos, ressaltando que a expressão "Partes Incluídas no Anexo I" pode ser entendida em termos coloquiais como "países desenvolvidos", e "Partes não incluídas no Anexo I", como países em desenvolvimento:

a) Obrigatoriedade de cumprimento de metas de redução para nações[9] — as quais transferem essas metas para as suas pessoas jurídicas internas:

---

8   Sobre Protocolo de Quioto, maiores detalhes em *O Protocolo de Quioto e o estabelecimento de metas de redução de GEE*. GAZONI, Ana Carolina. SOUZA, Rafael Pereira de (coord.) *LEXNET — Aquecimento global e créditos de carbono* — Aspectos Jurídicos e Técnicos. São Paulo: Quartier Latin, 2007.

9   Tais países têm responsabilidades imediatas para reduzir suas emissões de gases de efeito estufa em razão de sua responsabilidade histórica de maior emissão desses gases.

Artigo 3

1. As Partes incluídas no Anexo I devem, individual ou conjuntamente, assegurar que suas emissões antrópicas agregadas, expressas em dióxido de carbono equivalente, dos gases de efeito estufa listados no Anexo A não excedam suas quantidades atribuídas, calculadas em conformidade com seus compromissos quantificados de limitação e redução de emissões descritos no Anexo B e de acordo com as disposições deste Artigo, **com vistas a reduzir suas emissões totais desses gases em pelo menos 5 por cento abaixo dos níveis de 1990 no período de compromisso de 2008 a 2012**.

b) a indicação de entidade que defina critérios para mensurar a emissão de gases de efeito estufa:

Artigo 5

2. As metodologias para a estimativa das emissões antrópicas por fontes e das remoções antrópicas por sumidouros de todos os gases de efeito estufa não controlados pelo Protocolo de Montreal devem ser as aceitas pelo Painel Intergovernamental sobre Mudança do Clima e acordadas pela Conferência das Partes em sua terceira sessão."

c) a referência a atividades de projetos que reduzem a emissão de gases de efeito estufa realizados nos países em desenvolvimento, e a "reduções certificadas de emissão", com a criação do Mecanismo de Desenvolvimento Limpo, chamado de "MDL";

Artigo 12

1. Fica definido um mecanismo de desenvolvimento limpo.

(...)

3. Sob o mecanismo de desenvolvimento limpo:

(a) As Partes não incluídas no Anexo I beneficiar-se-ão de **atividades de projetos que resultem em reduções certificadas de emissões**; e

d) a possibilidade de aceitação das "reduções certificadas de emissões" das atividades de projeto desenvolvidas pelas entidades desobrigadas, pelas entidades obrigadas, no cômputo das reduções:

Artigo 12

1. Fica definido um mecanismo de desenvolvimento limpo.

(...)

3. Sob o mecanismo de desenvolvimento limpo:

(...)

(b) As Partes incluídas no Anexo I **podem utilizar as reduções certificadas de emissões, resultantes de tais atividades de projetos, para contribuir com o cumprimento de parte de seus compromissos quantificados de limitação e redução de emissões**, assumidos no Artigo 3, como determinado pela Conferência das Partes na qualidade de reunião das Partes deste Protocolo.

Enfim, "Créditos de Carbono" representa as Reduções Certificadas de Emissões. Sobre o tema, descreve Lílian Theodoro Fernandes, destacando o conceito de "Redução Certificada de Emissão":

"As reduções de emissões de gases de efeito estufa obtidas através de projetos realizados nos países em desenvolvimento serão certificadas por órgão competente, podendo ser comercializadas no Mercado de Carbono. Taís reduções são denominadas Reduções Certificadas de Emissões (RCE) e constituem um bem comercializável.

Cada Redução Certificada de Emissão representa uma tonelada métrica de dióxido de carbono equivalente.

As reduções podem ser adquiridas por investidores no Mercado de Carbono, com o fim de utilizá-las como forma de cumprimento parcial das metas de redução de emissão de gases, de efeito estufa, bem como negociadas com o objetivo de comercialização e revenda ou, ainda, podem ser adquiridas por Organizações Não Governamentais, sem objetivos de revenda, visando retirá-las do mercado para proteção ambiental, pois se aumenta a necessidade de projetos e de atividades sustentáveis."[10]

---

10 *O mecanismo de desenvolvimento limpo*. FERNANDES, Lílian Theodoro. SOUZA, Rafael Pereira de (coord.) *LEXNET — Aquecimento global e créditos de carbono* — aspectos jurídicos e técnicos. São Paulo: Quartier Latin, 2007. p. 81.

O elemento sancionador, para obrigar as entidades a adquirir as RCE, é posto nas legislações nacionais, ou regionais (União Europeia), como se vê da Diretiva 2003/87/CE, usando o termo "licença de emissões" como limitação específica para cada empresa, calculada nos termos da diretiva[11] — a qual atende ao Protocolo de Quioto:

> Directiva 2003/87/CE do Parlamento Europeu e do Conselho, de 13 de Outubro de 2003
>
> Art. 16:
>
> (...)
>
> 3. Os Estados-Membros devem assegurar que os operadores de instalações que não devolvam, até 30 de Abril de cada ano, licenças de emissão suficientes para cobrir as suas emissões no ano anterior sejam obrigados a pagar uma multa pelas emissões excedentárias. **A multa por emissões excedentárias será igual a 100 euros por cada tonelada de equivalente dióxido de carbono emitida pela instalação relativamente à qual o operador não tenha devolvido licenças.** O pagamento da multa por emissões excedentárias não dispensa o operador da obrigação de devolver uma quantidade de licenças de emissão equivalente às emissões excedentárias aquando da devolução das licenças de emissão relativas ao ano civil subsequente."

Coexistem dois sistemas eletrônicos de registro quanto à adimplência das metas e ao comércio de créditos de carbono: O controlado pelo secretariado da CQNUMC chamado de ITL (Registro Internacional de Transações da ONU), e o controlado pela União Europeia conhecido como "Registro Independente de Transações da Comunidade (CITL)". As sanções previstas na Diretiva 2003/87/CE são monitoradas no CITL. É fato que as sanções previstas no Protocolo de Quioto não são direta-

---

11 Art. 4º — Títulos de emissão de gases com efeito de estufa — Os Estados-Membros devem assegurar que, a partir de 1 de Janeiro de 2005, nenhuma instalação realize qualquer actividade enumerada no anexo I de que resultem emissões especificadas em relação a essa actividade, a não ser que o seu operador seja detentor de um título emitido pela autoridade competente de acordo com o disposto nos arts. 5º e 6º, ou que a instalação esteja temporariamente excluída do regime comunitário nos termos do art. 27.

mente financeiras, mas resultam nisso, como descrevem Eduardo Dietrich Trigueiros e Lyvia Carvalho Domingues[12]:

> "Ou seja, o protocolo de Kyoto não prevê sanções de natureza mais específica para aqueles signatários que deixem de cumprir as metas de redução de gases causadores do efeito estufa na atmosfera, mas um conjunto de penas que se baseia no agravamento da própria sistemática de redução de emissão de gases já prevista no Protocolo.
>
> Entretanto, por atingir visceralmente os meios de produção, bens de consumo e matriz energética dos signatários do pacto, a imposição de novas metas e a obstaculização da comercialização de créditos de carbono afigura-se como verdadeira sanção econômica, tendo o potencial de alijar os infratores dos meios necessários a manter sua economia pujante.
>
> É que, como vem acontecendo nos tratados internacionais, inclusive aqueles que visam à segurança das nações pela proibição, por exemplo, da proliferação nuclear, mais e mais o recurso da retaliação econômica vem sendo utilizado."

Estabelecidos os fundamentos, pode-se dizer que o mercado de créditos de carbono promove desenvolvimento sustentável, difusão de tecnologia, e circulação de riquezas.

Caso emblemático é o do aproveitamento do biogás exalado nos aterros sanitários: Prefeituras contratam empresas para aplicar uma tecnologia de captura do biogás, mensurá-lo, queimá-lo, e, com a queima, obter vapor para mover turbinas, com geração de energia elétrica. No Brasil existem 34 projetos dessa natureza, os quais respondem pela redução de 12.036.702 ton CO_2 por ano[13]. A fonte de energia adveio de um lugar inusitado.

Projetos de créditos de carbono são feitos para que as quantificações de redução de emissões sejam emitidas durante a seguinte temporalidade:

---

12 "Sanções pelo descumprimento de metas estabelecidas pelo Protocolo de Quioto". TRIGUEIROS, Eduardo Dietrich e DOMIGUES Lyvia Carvalho. SOUZA, Rafael Pereira de (coord.) *LEXNET — Aquecimento global e créditos de carbono* — aspectos jurídicos e técnicos. São Paulo: Quartier Latin, 2007. p. 64.

13   Fonte: MCT.

único período de 10 anos, ou três períodos consecutivos de sete anos. De forma que a análise financeira da estruturação de projetos dessa ordem leva em conta a venda das RCEs durante esse prazo de duração do projeto, tudo conforme a observância de um ciclo de projeto.

3. Saneamento básico e geração de créditos de carbono

O projeto de geração de créditos de carbono traçaria uma comparação entre as emissões de GEE conforme a situação atual realizada no tratamento de esgotos realizado nas estações de tratamento (chamada de emissões de Linha de Base), e as emissões menores de GEE conforme a alteração do tratamento físico-químico (nominada de emissões de Projeto), visando menor emissão de GEE. Ou no caso de instalação de planta de tratamento já contendo tipo de tratamento físico-químico diferente da usualmente praticada.

Já descrevemos em momento anterior que o ponto de partida é a percepção de um ambiente com emissão de GEE:

> "2. O PONTO DE PARTIDA: A LINHA DE BASE
>
> Já se afirma entre estudiosos do tema que a responsabilidade ambiental e o MDL são poderosos indutores de criatividade, respondendo o Brasil por parte desse processo criativo, tendo em vista a quantidade de projetos apresentados, bem como o excelente histórico de homologação dos mesmos pelo Comitê Executivos do MDL.
>
> De fato, o ponto de partida para uma análise sobre o enquadramento de uma atividade como MDL **é uma ilação sobre o fato físico-químico de prever uma redução de emissão de GEE.** São GEE listados no Anexo A do protocolo de Kyoto: o dióxido de carbono (CO_2), o metano (CH_4), o óxido nitroso (N_2O), os hidrofluorcarbonos (HFCs), os perfluorcarbonos (PFCs) e o hexafluoreto de enxofre (SF_6).
>
> **Quem pensa no MDL observa a geração de energia, os processos industriais e agroindustriais, no sentido de identificar quais são as atuais atividades geradoras destes GEE e a possibilidade de redução dessas emissões.** O conhecimento sobre quais são atividades

geradoras de GEE está compilado nas publicações produzidas pelo IPCC[14], as quais contêm os padrões de cálculo de emissões e os coeficientes, mormente o Potencial de Aquecimento Global de cada GEE" (grifos nossos)[15].

Oliveira descreve a noção da redução de emissão de GEE[16], enfatizando que o objetivo final dos tratamentos consiste na degradação da matéria orgânica presente nos efluentes, com menor emissão de GEE, finalizando com a possibilidade de queima do biogás:

> "Dessa forma, os reatores anaeróbicos cada vez mais estão sendo considerados como uma alternativa de tratamento de esgoto sanitário ou de águas residuárias industriais, muitas vezes seguidos de processos aeróbios, para maior remoção de matéria orgânica e refinamento do efluente. Essa providência muitas vezes é necessária, uma vez que os reatores anaeróbios têm eficácia média de remoção de matéria orgânica em torno do 80%, emitindo efluente às vezes inadequado para lançamento em corpos d'agua. A medida mais usada para descrever a concentração de matéria orgânica em águas residuárias é a Demanda Química de Oxigênio (DQO).
>
> Há diversos modelos de reatores anaeróbios empregando diferentes dinâmicas de fluxo, principalmente contínuo ou em batelada. Também há reatores nos quais a biomassa fica aderida a algum tipo de suporte ou em suspensão no corpo do reator. Pode ser usada a agitação leve para aumentar o contato dos microorganismos com o esgoto, como em sistemas em batelada, ou a própria velocidade do líquido pode fazer esse papel em sistemas de fluxo contínuo. Um dos reatores de fluxo contínuo mais difundidos para o tratamento de esgoto sanitário é o Reator Anaeróbicos de Manta de Lodo (Upflow Anaerobic Sludge Blanquet — UASB).

---

14   Intergovernamental Panel on Climate Change, entidade que agrega cientistas de várias nacionalidades, que presta assessoramento técnico à ONU sobre mudança climática.
15   *Enquadramento de atividades de desenvolvimento sustentável como Projetos de MDL*. SOUZA, Rafael Pereira. SOUZA, Rafael Pereira de (coord.) *LEXNET — Aquecimento global e créditos de carbono —* aspectos jurídicos e técnicos. São Paulo: Quartier Latin, 2007. p. 81.
16   Cf. *Processos anaeróbios de tratamento de resíduos e elegibilidade para projetos de MDL*. OLIVEIRA, Sonia Valle Walter Borges de. SOUZA, Rafael Pereira de (coord.) *LEXNET — Aquecimento global e créditos de carbono —* aspectos jurídicos e técnicos. São Paulo: Quartier Latin, 2007.

Em todos eles, há geração de biogás, que pode ser utilizado como fonte energética ou simplesmente ser queimado, reduzindo a emissão de metano na amosfera. A produção de biogás em diversos reatores anaeróbicos tratando diferentes tipos de águas residuárias varia em torno de 0,2 a 0,75 m^3/kg de DQO removido."

Para fins de orientação e definição de critérios para aferir a comprovação de redução de emissão de GEE, o Comitê Executivo do MDL edita metodologias, nas quais constam condicionantes e fórmulas de cálculo para a quantificação de toneladas e GEE não emitidas.

Para projetos cujo tratamento de efluentes gerem a evitação de até 60.000 ton CO_2 equivalente por ano, as condicionantes são mais simples, e a solução de engenharia pode contemplar as seguintes hipóteses[17]:

(i) Substituição de sistemas de tratamento aeróbico de águas residuárias ou lodo por sistemas anaeróbicos com recuperação e combustão de metano.

(ii) Introdução de sistema anaeróbico de tratamento de lodo com recuperação e combustão de metano em uma estação existente de tratamento de águas residuárias sem tratamento do lodo.

(iii) Introdução de recuperação e combustão de metano em sistemas existentes de tratamento do lodo.

(iv) Introdução de recuperação e combustão de metano em um sistema existente de tratamento anaeróbico de águas residuárias, como reator anaeróbico, lagoa, fossa séptica ou estação industrial no local.

(v) Introdução de tratamento anaeróbico de águas residuárias com recuperação e combustão de metano, com ou sem tratamento anaeróbico do lodo, em águas residuárias não tratadas.

(vi) Introdução de uma fase sequencial do tratamento das águas residuárias com recuperação e combustão de metano, com ou sem tratamento do lodo, em um sistema existente de tratamento de águas residuárias sem recuperação de metano (por exemplo, introdução de tratamento em um reator anaeróbico com recuperação de metano como uma etapa sequencial

---

17 AMS III-H (Para projetos de pequena escala, com redução de até 60 kt CO_2 ano), aplicável sobre uma das seguintes condições.

do tratamento das águas residuárias atualmente sendo tratadas na lagoa anaeróbica sem recuperação do metano).

Para projetos de tratamento de efluentes em grande vazão, com evitação de mais de 60.000.000 ton CO_2 ano, existem metodologias específicas, com previsão de que as lagoas de tratamento estejam a céu aberto e com profundidade superior a um metro, operação em local cuja temperatura seja constante acima de 10°C, o tempo de residência da matéria orgânica seja superior a 30 dias e o lodo produzido não seja armazenado[18].

Para projetos de pequena escala, existem, perante o Conselho Executivo do MDL, em julho de 2011, 123 projetos.

A tabela abaixo descreve dados básicos de 3 projetos de aprovação mais recente, de pequena escala, sobre a quantidade do efluente tratado, a DQO inicial, DQO final (após tratamento físico-químico) e quantidade de GEE evitados:

Nº Projeto	Quantidade de efluente ano m³	DQO ao início do tratamento ton/m³	DQO ao final do tratamento	Quantidade de GEE não emitido projetada (Ton/ano)
4202	427.793	0,019866	0,000267	16.636
4702	837.778	0,1122	0,000202	29.853
4710	178.200	0,07616	0,00235	34.653

É certo que cada projeto tem suas características específicas, como as emissões que ocorrem pelo tratamento, e as emissões fugitivas (as que não são evitadas). Mas, o quadro já permite a conclusão de que quanto maior a quantidade de efluente, e quanto maior a redução de DQO, maior será a quantidade de GEE não emitida por ano.

A precificação é variável. Um projeto na Colômbia administrado pela empresa FEDEPALMA, abrangendo 32 unidades de tratamento de efluentes, tem previsão de evitar 757.067 ton CO_2 por ano. Conforme cotação de julho de 2011 dos negócios realizados, o valor do CER em mercado *spot*, de pronta entrega, chega ao valor de € 10,78.

---

18   Conforme Metodologia AM0013.

4. CICLO DOS PROJETOS DE CRÉDITO DE CARBONO

A seriedade e a viabilidade econômica dos créditos de carbono foi conquistada a partir da definição do marco jurídico Protocolo de Quioto, havendo aprimoramento das regras nos tratados internacionais posteriores, e nas próprias regulamentações editadas pelo Comitê Executivo do MDL.

As regras definiram competências e procedimentos. Os interessados em obter as RCEs estimadas nos projetos de MDL devem submetê-los a uma rotina de atividades encadeadas entre si. Esse *iter* é chamado de Ciclo do Projeto.

Técnicos do Ministério da Ciência e Tecnologia assim descreveram o ciclo:

> "(1) elaboração do Documento de Concepção do Projeto (DCP), usando uma metodologia de linha de base e um plano de monitoramento aprovado;
>
> (2) validação (verifica se o projeto está em conformidade com a regulamentação do Protocolo de Kyoto);
>
> (3) aprovação pela Autoridade Nacional Designada (AND), que, no caso do Brasil, é a Comissão Interministerial de Mudança Global do Clima — CIMGC (verifica a contribuição do projeto para o desenvolvimento sustentável no país do anfitrião);
>
> (4) submissão ao Conselho Executivo para registro;
>
> (5) monitoramento;
>
> (6) verificação/certificação; e
>
> (7) emissão de unidades segundo o acordo de projeto[19].

Um dos momentos sensíveis do ciclo dá-se logo ao começo, com a definição da linha de base e da metodologia aplicável. As fases subsequentes

---

19 Ciclo de Submissão de Projetos MDL e Emissão de RCE (Reduções Certificadas de Emissões. MOZZER, Gustavo Barbosa; MAGALHÃES, Danielle de Araújo e SHELLARD, Sofia Nicoletti. SOUZA, Rafael Pereira de (coord.) *LEXNET — Aquecimento global e créditos de carbono* — aspectos jurídicos e técnicos. São Paulo: Quartier Latin, 2007. p. 149.

de números 2, 3, e 4, conforme o proposto acima, são dedicadas à investigação quanto à plausibilidade de êxito, em tese, de que a atividade de projeto de fato resultará em redução de emissões de gases de efeito estufa. E mais, que tal redução atenda aos requisitos específicos de adicionalidade e do desenvolvimento sustentável.

No ciclo, as fases 1 até 4 referem-se ao projeto. As fases 5 a 7 referem-se à operação do empreendimento tal como idealizado no projeto, e ainda, com eficaz monitoramento dos dados necessários para a mensuração da não emissão de gases de efeito estufa.

Nas fases 2 e 6, a competência para emissão dos documentos pertinentes a "Relatório de Validação", e "Relatório de Verificação" cabe às entidades operacionais designadas (EODs) autorizadas pelo Conselho Executivo do MDL. Esse serviço tem sido prestado por entidades dedicadas à verificação de auditorias de qualidade e gestão, as quais desenvolveram programas para essas finalidades.

Essa noção é mais perceptível com exemplos: Na fase 2, o empreendimento onde ocorrerá um tratamento de efluentes, ou melhoramento do tratamento existente, deverá ser visitado por parte de auditores da EOD. Nesse momento são checadas as condições físicas e operacionais para a viabilidade do projeto, bem como a adequação do monitoramento dos dados essenciais.

Prosseguindo no exemplo, depois de uma aprovação do projeto pelo Conselho Executivo, o proponente do projeto deverá, tanto bem executar a melhoria no tratamento de efluentes, como registrar os dados necessários para o monitoramento, quanto convocar a EOD para outra inspeção. Dessa inspeção se emite o documento "Relatório de Verificação", no qual constará uma quantificação de toneladas de gases de efeito estufa não emitidas.

Os documentos emitidos pela EOD são considerados pelo Comitê Executivo como opiniões fundadas em análises de fato, mas a sua emissão gera o direito à concessão das RCEs. A emissão da RCE só ocorre se e quando o Comitê Executivo decidir, ressaltando que a quantificação poderá ser menor do que a descrita no Relatório de Verificação.

A comercialização das RCE pode ocorrer antes de sua emissão (RCE primárias), caso em que o vendedor se compromete com uma cessão de seus direitos futuros sobre as RCE. É comum ocorrerem faixas de precificação conforme a fase em que se encontra o projeto de MDL, havendo antecipação de recursos pelo comprador. Neste final da 1ª década do século XXI já se consolidaram as corretoras de créditos de carbono, preponderantemente fixadas na Europa Ocidental, intermediando a compra e venda de RCEs. Existe, naturalmente, a venda direta de RCE propriamente dita, isto é, após a emissão do mesmo, chamado de RCE secundária, de maior valor.

A movimentação de mercado na Europa dá-se tanto pela sede do Conselho Executivo do MDL em Bonn, Alemanha, como pelo mercado de permissões criado pela Diretiva 2003/87/CE. O mercado europeu foi designado como "EU Allowances (EUAs)", e durante todo o ano de 2008 foi anunciada a unificação dos registros CITL e ITL. Essa unificação tem um sentido prático de permitir a automática transferência dos dados de compensação de emissões aprovados perante ao Comitê Executivo do MDL para o mercado EUAs. A previsão é de que tal unificação possa dar mais segurança a essas transações, ainda que haja alguma elevação de preços dos CERs.

Há ainda o mercado voluntário de créditos de carbono, sendo predominante a bolsa Chicago Climate Exchange, que transaciona créditos "não Kioto", cujos preços têm um decréscimo de valor, mas o seu ciclo de projeto não contém a fase de aprovação perante a ONU ou União Europeia (registros CITL ou/e ITL), o que pode ser atraente em alguns casos nos quais há um questionamento severo sobre demonstração de adicionalidade pelo Conselho Executivo do MDL. A sigla "VER" é usada internacionalmente para designar Reduções Voluntárias de Emissões.

4.1. Cenário pós 2012, com eventual não ratificação em termos semelhantes do Protocolo de Quioto

O Protocolo de Quioto foi posto à subscrição no ano de 1997, e seu primeiro período de cumprimento compreende os anos de 2008 a 2012. (art. 3º, *supra*). Entretanto a previsão de longa duração dos projetos tem sido suficiente para que as contratações de compra antecipada de créditos de carbono compreendam um período pós 2012, sendo estimado que haverá tratado sucessor do vigente, no qual sejam mantidas suas características básicas.

Deve ser considerado que o Regime Jurídico da União Europeia posto na Diretiva 2003/87/CE tem por base jurídica a manutenção dos tratados bilaterais entre países classificados pelo Protocolo de Quioto, senão vejamos os arts. 12 e 25:

> Art. 12º: **Transferência, devolução e anulação de licenças de emissão**
>
> 1. Os Estados-Membros devem assegurar a possibilidade de transferência de licenças de emissão entre: (...)
>
> b) Pessoas no interior da Comunidade **e pessoas de países terceiros nos quais essas licenças de emissão sejam reconhecidas** nos termos do art. 25º, sem outras restrições que não sejam as estabelecidas na presente directiva ou aprovadas nos termos da mesma.
>
> Art. 25º: **Relações com outros regimes de comércio de licenças de emissão de gases com efeito de estufa**
>
> 1. Devem ser celebrados **acordos com os países terceiros enumerados no anexo B do Protocolo de Quioto que ratificaram o referido protocolo, com vista ao reconhecimento mútuo de licenças de emissão** entre o regime comunitário e outros regimes de comércio de emissões de gases com efeito de estufa, em conformidade com o disposto no art. 3º do Tratado.

Ou seja, as condições são que os países desobrigados de metas de redução (enumerados no Anexo B) tenham aderido ao Protocolo de Quioto, e que mantenham tratados com os países obrigados a metas de redução.

Por outro lado, uma discussão que está em voga neste final da primeira década do século XXI contempla a ampliação do rol de países do "Anexo I", ou mesmo o estabelecimento de metas diferenciadas para alguns países que são atualmente tratados como "Não Anexo I"[20]. Neste caso, espera-se que os mecanismos de transferência de RCEs sejam adaptados, ou utilizados à forma de Implementação Conjunta (IC), prevista no art. 6º do Protocolo de Quioto.

---

20   Brasil, China, Índia.

A Implementação Conjunta não descreve o requisito da adicionalidade como necessário para a troca de RCEs, descrito no item 5, alínea *c* do art. 12 do Protocolo como "Redução de emissões que sejam adicionais às que ocorreriam na ausência da atividade certificada de projeto".

A adicionalidade corresponde à justificativa em termos ambientais, do projeto de MDL. Não são considerados projetos com adicionalidade os que contemplam situações em que a não emissão de gases de efeito estufa decorre de escolhas de processamento industrial motivadas por interesses financeiros, ou de natural avanço tecnológico.

A notícia disponível na versão em língua portuguesa do informativo "Point Carbon" descreve o interesse da autoridade competente em exigir a demonstração da adicionalidade:

> "Em seu 41º relatório, o Conselho Executivo (CE) do Mecanismo de Desenvolvimento Limpo (MDL) determinou que os desenvolvedores que lançarem projetos antes de solicitarem créditos de carbono devem notificar aos órgãos oficiais a sua intenção de requerer os créditos dentro de um prazo de seis meses a partir da data de início do projeto.
>
> As novas regras surgem num momento em que o Conselho Executivo vem rejeitando cada vez mais os projetos incapazes de provar que o MDL foi seriamente considerado no estágio de planejamento, o que, no jargão da ONU, significa dizer que o projeto é adicional. E é grande o interesse do CE em dar aos auditores orientações claras para reduzir o número de projetos desse tipo chegando ao órgão.
>
> 'O Conselho decidiu que, para as atividades de projetos com data de início em ou após 02 de agosto de 2008, o participante do projeto terá de informar por escrito à AND [Autoridade Nacional Designada] de uma Parte Anfitriã e/ou à secretaria da UNFCCC, sobre o início da atividade do projeto e sua intenção de obter *status* de MDL', informa o relatório.
>
> "Tal notificação terá de ser feita dentro de 6 (seis) meses a partir da data de início da atividade do projeto, e deverá conter a localização geográfica exata e uma breve descrição da atividade do projeto proposto", acrescentou o texto.[21]

---

21 Disponível em: <http://www.pointcarbon.com/polopoly_fs/1.970029!CDM%20%20JI%20Monitor%20-%2006%20Aug%202008%20(Portuguese).pdf>. Acesso em: 2.12.2008.

A ilação é aqui posta em termos comparativos: Projetos de MDL devem apresentar adicionalidade; Projetos de IC são dispensados. O que, em estreita análise, poderá ser aproveitado para expandir as atividades sustentáveis.

5. Conclusões

Considerando o interesse do Governo Brasileiro em intensificar os programas de saneamento básico, as companhias que já desenvolvam a atividade de tratamento de efluentes, e as que obtenham novas concessões, considerarão efetivamente na formação do empreendimento, de logo, as alternativas de engenharia que considerem o atendimento às metodologias de enquadramento no regime dos créditos de carbono.

E, que mesmo em razão de uma eventual não prorrogação em termos equivalentes das regras do Protocolo de Quioto, já existem mecanismos de regulação suficientes para manter essa opção de redução de emissões incentivada por mecanismos de mercado.

Referências bibliográficas

BRASIL. Decreto n. 5.445 de 12 de maio de 2005. Promulga o Protocolo de Quioto à Convenção-Quadro das Nações Unidas sobre Mudança do Clima. Disponível em: <http://www6.senado.gov.br/legislacao/ListaPublicacoes.action?id=102488>. Acesso em: 15 maio 2007.

CONEJERO, M. A. *Marketing de créditos de carbono:* Um estudo exploratório. Dissertação (Mestrado) Faculdade de Economia, Administração e Contabilidade de Ribeirão Preto/USP. Ribeirão Preto, 2006.

FRANGETTO, F. W; GAZANI, F. R. *Viabilização jurídica do Mecanismo de Desenvolvimento Limpo (MDL) no Brasil — O Protocolo de Kyoto e a cooperação internacional.* São Paulo: Peirópolis; Brasília, DF: IIEB — Instituto Internacional de Educação do Brasil, 2002.

GORE, Al. *Uma verdade inconveniente.* Tradução de Isa Mara Lando. São Paulo: Manole, 2006.

LIMA, L. F. *A implementação jurídica do Mecanismo de Desenvolvimento Limpo e a Geração de Créditos de Carbono*. Edição eletrônica. 2006.

MIGUEZ, J. D. G. *O acordo de Marrakesh e a regulamentação do Mecanismo de Desenvolvimento Limpo*. Disponibilizado em: <http://www.forumclimabr.org.br/artigo_jose_domingos.htm>.

NASSER, Salem Hikmat; REI, Fernando (org). *Direito internacional do meio ambiente*. São Paulo: Atlas, 2006.

PEARCE, Fred. *O aquecimento global*. Causas e efeitos de um mundo mais quente. São Paulo: PubliFolha, 2002.

ROCHA, M. T. *Aquecimento global e o mercado de carbono: uma aplicação do modelo CERT*. Tese (doutorado) Escola Superior de Agricultura Luiz de Queiroz, Piracicaba, 2003.

SOUZA, Pablo Fernandez de Mello E. *Metodologias de monitoramento de projetos de MDL:* uma análise estrutural e funcional [Rio de Janeiro] (COOPPE/UFRJ, D. Sc., Planejamento Energético, 2005) Dissertação — Universidade Federal do Rio de Janeiro, COPPE).

CAPÍTULO IX
MODELO INSTITUCIONAL DO SETOR DE TELECOMUNICAÇÕES BRASILEIRO PARA NOVOS INVESTIDORES

ANA VERENA SOUZA

Sumário: *Introdução. 1. Evolução do modelo brasileiro de telecomunicações. 1.1. O Monopólio Estatal. 1.2. Privatização do Setor. 2. Telecomunicações e investimento. 2.1. A convergência dos segmentos. 2.2. Plano Geral de Metas de Competição. 2.3. Investimento para os Eventos. 3. Conclusão.*

INTRODUÇÃO

Investir significa empregar, inverter capitais com o fim de obter lucro. Sendo assim, não há falar em investimento sem um estudo do setor no qual se quer investir: quais as regras, quais as possibilidades de ganho, quais as possibilidades de perda, qual o possível resultado final.

Nesse entendimento, o setor de telecomunicações, em aproximadamente 15 anos, deixou de ser exclusividade de empresas estatais para se apresentar como um dos setores com maior possibilidade de ganho. Vê-se que, durante esse período, além da privatização do sistema de telefonia fixa, que culminou em grande competitividade, serviços que ainda não eram explorados pela iniciativa privada, como o serviço de telefonia móvel e *internet*, passaram a ser economicamente viáveis e bastante lucrativos.

Desta feita, o presente trabalho visa, acima de tudo, mostrar ao possível investidor quais os caminhos para se chegar a um setor tão competitivo. E, para isso, é preciso entender, econômica e juridicamente, como as telecomunicações deixaram de ser apenas do Estado até chegarem ao modelo atual e, finalmente, quais são as oportunidades.

1. Evolução do modelo brasileiro de telecomunicações

1.1. O Monopólio Estatal

Até o meado dos anos 90, o setor de telecomunicações no Brasil tinha, como modelo de atuação, a existência de uma *holding*, a Telecomunicações Brasileira S.A. ou, simplesmente, TELEBRAS, a qual controlava as demais prestadoras de serviço telefônicos no Brasil. Fundada em 9 de novembro de 1972, a Telebras era responsável por centralizar, padronizar e modernizar as diversas empresas de telecomunicações espalhadas no Brasil, todas elas concessionárias do serviço público de telefonia.

Para se ter uma ideia da centralização da TELEBRAS no que se refere às telecomunicações, vale dizer que a exclusividade na exploração de tais serviços era exigência contida na Constituição de 1988. Na verdade, desde 1972, com a criação desta sociedade de economia mista, o objetivo já era de unificar nacionalmente o serviço de telecomunicações, já que, anteriormente, cada Estado e Município tinham sua própria prestadora. A Telebras, então, deveria adquirir participações no capital das prestadoras até o ponto de assumir o controle, e foi o que ocorreu, já que o Governo lhe passou o controle total dos serviços de telecomunicações.

Com a CF/88 então, não era mais um simples controle sobre as demais prestadoras, mas uma obrigatoriedade, como anteriormente mencionado, de que qualquer serviço de telecomunicações somente pudesse ser explorado pela União ou empresas sob o controle acionário estatal, o que impossibilitava o acesso pelo setor privado. Veja-se que apesar de a Constituição já ser bem enfática no que diz respeito à exclusividade estatal, as demais regras jurídicas sobre a questão na época só reforçavam a proibição da presença da iniciativa privada nas telecomunicações.

Como não se trata de um passado tão distante, é fácil lembrar as consequências deste tipo de política: a existência de um serviço bastante limitado, caro e mal prestado, já que não existia a concorrência necessária, ou seja, a lei da oferta e da procura. Se apenas a Telebras detinha o monopólio do serviço, qual seria o interesse em inovar em tecnologias, diminuir os preços cobrados, tratar bem o cliente etc.

A satisfação do cliente, por sinal, era pouco observada, até porque não havia qualquer ameaça de que aquele consumidor "migrasse" de operadora, como se vê atualmente. O fornecimento do serviço telefônico, por exemplo, era quase um "favor" que os clientes pediam para as empresas comandadas pela Telebras. Até o ano de 1995, uma linha de telefonia fixa valia no mercado até 10 mil dólares, e o cliente poderia esperar até seis meses para ter a instalação. O modelo de concorrência atual permite que se mostre tal curiosidade, visto que a busca por clientes hoje é quase uma "guerra" travada pelas empresas de telecomunicações.

1.2. Privatização do Setor

É preciso deixar bem claro que o modelo no setor das telecomunicações que é visto atualmente foi construído aos poucos e de maneira sólida. O primeiro passo foi articular um plano de reforma no sistema de exploração das telecomunicações para que pudesse ficar compatível com a tendência mundial. Eram duas as proposições do Governo:

a) Transferir à iniciativa privada as empresas estatais de prestação de serviços de telecomunicações;

b) Implantar a competição entre empresas distintas, extinguindo o monopólio na exploração de tais serviços.

Assim, entre 1995 e 1997, a fase de flexibilização das telecomunicações iniciou a reforma, que teve como marco a Emenda Constitucional n. 8/95. Para entender o que representou tal emenda, vale dizer que ela foi a grande responsável pela quebra do monopólio da TELEBRAS.

No texto original da Constituição Federal, mais precisamente em seu art. 21 inciso XI, era exposto que cabia à União explorar de forma direta ou mediante concessão, apenas a empresas sob controle acionário estatal, os serviços telefônicos, telegráficos, de transmissão de dados e demais serviços públicos de telecomunicações. Com relação aos serviços de radiodifusão, a exploração também cabia à União, com a diferença de não se exigir que a concessionária tivesse o Estado como controlador[1].

---

1   **Art. 21.** Compete à União:
XI — explorar, diretamente ou mediante concessão **a empresas sob controle acionário estatal**, <u>os serviços telefônicos, telegráficos, de transmissão de dados e demais serviços públicos de telecomunicações</u>, assegurada a

A Emenda Constitucional n. 8/95, ou simplesmente EC n. 8/95 foi o marco da abertura do mercado das telecomunicações, e, por consequência, da abertura de possibilidade de investimento pela iniciativa privada. Isso porque, com a EC n. 8/95, continuou a competência da União para explorar diretamente ou mediante concessão os serviços de telecomunicações, mas, a partir dali, seria possível a autorização e permissão a empresas não controladas pelo Estado, ou seja, empresas privadas.

Além disso, o mesmo texto determinou a necessidade de que toda a exploração do serviço por meio de concessão, permissão ou autorização estivesse nos termos de lei, que deveria ser criada para tanto, e ainda para instituir um órgão regulador e outros aspectos institucionais.

Nesta fase, ainda não se falava totalmente em privatização do setor. As leis de maior repercussão editadas na época, como a Lei Mínima de Telecomunicações[2], Lei de Concessões de serviços públicos em geral[3] e a Lei de TV a Cabo[4] não demonstravam claramente a preparação para uma desestatização, mas sim uma convivência pacífica entre a exploração estatal e a iniciativa privada. O que se deve entender é que o modelo criado para a outorga e prestação de serviços por particulares era de serviço público, com necessidade de licitação e concessão, com a ideia de propriedade pública e de controle tarifário pelo Estado, o que, por lógica, era totalmente contraditório com a ideia de desregulação.

O momento seguinte é que se pode chamar efetivamente de privatização do setor de telecomunicações, já que o Estado se retira totalmente da operação, implantando a competição nos vários serviços. Para tanto, é muito importante dizer, a Lei Geral de Telecomunicações, ou LGT[5], funciona como o grande marco da abertura da competição no setor das telecomunicações, ao se preocupar mais com as grandes políticas setoriais e com princípios. Veja-se que, quando uma lei se preocupa com princípios, tem uma capacidade de assimilar, ao longo dos tempos, as mudanças

---

prestação de serviços de informações por entidades de direito privado através da rede pública de telecomunicações explorada pela União;
XII — explorar, diretamente ou mediante autorização, concessão ou permissão: os serviços de radiodifusão sonora, de sons e imagens e demais serviços de telecomunicações;
2   Lei n. 9.295/1996.
3   Lei n. 8.987/1995.
4   Lei n. 8.977/1995.
5   Lei n. 9.472, de 16 de julho de 1997.

impostas pelas inovações tecnológicas e pela evolução do mercado sem que se necessite da criação de novas leis. E, quando se refere a telecomunicações, é inevitável prever evoluções na tecnologia como já vem acontecendo e, com certeza, não cessarão.

Para finalizar a questão histórica do setor de telecomunicações no Brasil, não se pode deixar de abordar que a LGT, se preocupando com princípios e políticas de concorrência, também trouxe a criação da agência reguladora do setor, disciplinando a sua atuação. A ANATEL acompanha as condutas verificadas no mercado, coibindo ações que se caracterizem como exercício do poder abusivo de mercado, regulamentando a prestação dos serviços. Atualmente, é a ANATEL quem define as práticas a serem adotadas, bem como tende a garantir uma boa prestação de serviços, por meio da concorrência entre prestadores, bem como assegurando a universalização das telecomunicações, como, no caso da vez, a oportunização de *internet* banda larga para os diversos setores da sociedade, mas esse assunto será abordado a seguir.

2. Telecomunicações e investimento

As telecomunicações são um campo muito vasto e, a cada dia, tornam-se mais variadas e com mais oportunidades de lucro. Isso tudo, como foi observado, ocorre por conta da política do Estado de se retirar dos negócios do setor, oportunizando a concorrência. Quando o Estado deixou o controle acionário das empresas prestadoras de telecomunicações, assumindo, somente, a fiscalização por meio de uma agência reguladora, a carência de bons serviços e variados tornou o negócio altamente rentável.

A explicação para isso é muito simples: quando a Telebras detinha o monopólio do serviço de telecomunicações, e isso já foi anteriormente abordado, não havia ameaça para o Estado por parte dos consumidores. Ora, a lei da oferta e da procura é muito sábia e real, visto que, por mais que os serviços fossem prestados de maneira precária e com alto custo, a população tinha a necessidade de utilizá-los. A Telebras e suas regionais não precisavam se modernizar porque não perderiam os clientes e, por consequência, o lucro. Era um investimento barato para um lucro fácil.

Com a abertura do setor para a iniciativa privada, com a ANATEL promovendo a concorrência, o cenário mudou totalmente. A única prestadora do serviço, que passou a ser privada, viu chegar ao mercado outras empresas que tinham as mesmas características, prestavam os mesmos serviços e, com uma diferença: estavam na busca de novos clientes para assegurar, primeiramente, o retorno do investimento e, logicamente, a margem de lucro necessária para justificar o negócio.

Dessa feita, todas as empresas passaram a travar uma batalha saudável para o próprio consumidor. A antiga prestadora estatal deveria aprimorar sua tecnologia, melhorar seus preços e garantir um bom serviço para fidelizar o cliente e evitar a troca por outra prestadora, e as novas operadoras deveriam fazer o mesmo, mas para conquistar o consumidor e se manter no mercado.

Não se pode esquecer de que toda essa "guerra" saudável iniciava-se ainda em 1997, quando diversos serviços de telecomunicações sequer eram conhecidos pela maioria da população. Até o STFC ou Serviço de Telefonia Fixo Comutado, o serviço de telefonia mais utilizado no Brasil na época, já começava a ver novos investimentos, tudo impulsionado pela obrigatoriedade da concorrência. O Plano Geral de Outorgas consolida esta fase, determinando a divisão geográfica do país para fins do STFC e ainda definia datas para a admissão de novos competidores.

Ora, se o serviço mais conhecido e utilizado pela população brasileira passa a ter o regime de concorrência, obrigando as prestadoras a investir, muitas delas por meio de capital estrangeiro, o que dizer de tecnologias pouco comuns ou mesmo nunca vistas? Era óbvia a necessidade de investimento para tornar tais serviços acessíveis à população e consolidar mais um meio de lucratividade. Nesse sentido, o SMC, ou Serviço Móvel Celular, hoje Serviço Móvel Pessoal, ou SMP, passa a ser visto como a grande promessa de lucratividade, gerando, é claro, a corrida dos investidores.

Apresentado o histórico do modelo institucional das telecomunicações, do monopólio estatal à livre concorrência e necessidade de investimento, o que se vai demonstrar, de agora em diante, são os setores com as melhores perspectivas para o investidor. Bom é ter em mente que, apesar da quebra do monopólio estatal, o que se viu foi a criação de um novo monopólio, desta vez de iniciativa privada, que merece também uma atenção especial.

2.1. A CONVERGÊNCIA DOS SEGMENTOS

Apesar da existência de diversos serviços de telecomunicações que vêm crescendo ao longo dos tempos, é preciso deixar claro o fenômeno ocorrido, não só no Brasil, mas no mundo, que é o da convergência. Isso quer dizer que uma mesma plataforma tecnológica passou a permitir o tráfego de diferentes conteúdos, sejam na forma de voz, dados ou vídeo, eliminando a necessidade de redes intrinsecamente dedicadas a cada serviço. O motivo é o seguinte: a infraestrutura utilizada para a prestação de um determinado serviço de telecomunicação, como telefonia (STFC e SMP), também poderia se prestar a outro serviço, como acesso à *internet* (SCM) e acesso ao conteúdo audiovisual (TV por assinatura), e vice-versa.

Nesse sentido, vê-se que não há mais apontar apenas um dos serviços de telecomunicações como o melhor para se investir. Eles estão interligados. Para se ter uma ideia, deve-se ter em mente que as telecomunicações foram modificadas, ao incorporar áreas de conhecimento e tecnologias da informática. Ao mesmo tempo, estas mesmas tecnologias da informática foram transformadas pelas áreas de conhecimento citadas para permitir a troca de informações em diferentes mídias.

Desta maneira, como saber em que segmento investir e o porquê? A resposta é simples: não se deve investir num segmento, mas numa tecnologia de operação, que vai abarcar diversos segmentos. Para perfeito entendimento, é bom citar exemplos: vamos supor que o investidor quer aplicar seu capital em telefonia móvel, que é um segmento que cresce bastante no Brasil, inclusive ultrapassou, em número de usuários, a telefonia fixa. Não se pode dizer que tal investidor vai trabalhar apenas na transmissão de voz, visto que a crescente da telefonia móvel é a possibilidade de o usuário utilizar a *internet* por meio de seu aparelho, acessando redes sociais, realizando transações bancárias, recebendo *e-mails*, recebendo e enviando mensagens de texto e mensagens com foto e vídeo etc.

De forma aparente, o investimento seria somente em telefonia móvel. No entanto, para que o negócio seja lucrativo, será preciso investir no segmento de *internet*, investir em tecnologias que possam localizar o aparelho celular caso perdido, nas tecnologias de captura de imagens e vídeos, em alta definição etc. Ou seja, por mais que a vontade do investidor seja de aplicar seu capital apenas num segmento, é inevitável verificar os outros segmentos e também investir neles.

Ora, essa convergência tecnológica alcançada obriga o possível investidor a buscar, ao mesmo tempo, diversos segmentos.

2.2 Plano Geral de Metas de Competição

Para aqueles que pretendem investir em telecomunicações no Brasil, a questão política mais importante, depois, lógico, da aprovação e aplicação da LGT, que ocorreu em 1997 é a aprovação do Plano Geral de Metas de Competição, ou PGMC, que, segundo diretrizes definidas entre ANATEL e Ministério das Comunicações divulgadas em 16 de maio de 2011 pelo *site* Eco I Telecom — Economia Inteligente, está entre as 10 prioridades para serem votadas pelo conselho da agência.

O referido Plano, que foi criado por meio da Consulta Pública n. 426/02 em 18.6.2003, visa, acima de tudo, reparar os danos econômicos e tecnológicos ocasionados pelo monopólio estatal nas telecomunicações e, posteriormente, pelo monopólio privado.

Para se entender o porquê de se considerar danos econômicos e tecnológicos, basta verificar, nas palavras de Luis Cuza, presidente executivo da TelComp — Associação Brasileira das Prestadoras de Serviços de Telecomunicações Competitivas, em 2005: *"o cenário atual das telecomunicações no Brasil é o reflexo de anos de ausência de competição. Ora sob monopólio estatal, ora sob monopólio privado, o fato é que os serviços de telecomunicações não chegam, na gama de opções e preços possíveis e almejados com a privatização, aos usuários pessoas físicas de baixa renda e às micro, pequenas e médias empresas. Ao contrário dos demais países que privatizaram esse setor, o Brasil não implementou com eficácia ferramentas básicas para criar oportunidades de novos investimentos, novas ofertas e serviços e, por consequência, uma redução generalizada nos preços."*[6]

Já que foi constatado que não há competição necessária no setor capaz de melhorar os serviços e diminuir os preços, o Plano Geral de Metas de Competição busca aumentar essa competição, de forma a, primeiramente, identificar quem são os grupos econômicos classificados com Poder de Mercado Significativo (PMS), e, assim identificados, gerar obrigações específicas para tais empresas, como manter a transparência no mercado de atacado e compulsoriamente abrir suas redes para a concorrência. Mais precisamente, deverão oferecer 20% da sua capacidade física de infraestrutura (como dutos e condutos) para o atendimento de empresas que não pertençam ao seu grupo.

---

6 Disponível em: Tele Síntese <http://www.momentoeditorial.com.br/index.php?option=com_content&task=view&id=317&Itemid=43>.

Dentre outras determinações constantes no PGMC, está aí a chance do novo investidor no mercado de telecomunicações, no que diz respeito aos serviços considerados tradicionais. Se as empresas que hoje dominam o mercado, e, como anteriormente dito, não se trata de cada empresa dominando um setor diferente, mas o grupo econômico que domina o setor de telefonia fixa, telefonia móvel, *internet* etc., de uma só vez, terão de abrir suas redes para novos grupos, esta é a oportunidade.

Veja-se, em síntese, as propostas dentro do PGMC mais interessantes para o novo investidor:

a) Transparência: A detentora de PMS no varejo terá que prestar informações detalhadas sobre planos de serviço, promoções e descontos, além dos custos de instalação, manutenção e dispositivos de acesso. Esses dados serão analisados periodicamente por "entidades comparadoras", instituições que serão credenciadas pela Anatel para avaliar os preços praticados no mercado. No atacado, o grupo com PMS terá que criar um departamento específico em sua empresa, com *status* de diretoria, apenas para tratar dos procedimentos de atendimento de pedidos de acesso à rede. Será exigida da empresa a criação de um sistema de acompanhamento dos pedidos pelos concorrentes, com emissão de protocolo da solicitação e divulgação do encaminhamento na *Internet*. A empresa também terá que providenciar o desenvolvimento de uma Base de Dados de Atacado, que fornecerá informações a um grupo criado na Anatel especificamente para acompanhar o desenvolvimento desse mercado.

b) Oferta na rede fixa: A Anatel exigirá das empresas com PMS que detenham rede fixas a desagregação de canais lógicos (*Bit-Stream*). Para isso, a empresa será obrigada a formalizar contratos de desagregação com as partes interessadas em compartilhar os canais. Para solução de conflitos sobre o tema, a Anatel pré-definiu que usará como valor de referência os próprios preços já praticados pelo grupo com PMS: em caso de impasse, os canais lógicos deverão custar 20% a menos do que os preços de varejo pelo acesso. A empresa com PMS **terá que reservar 20% da sua capacidade física de infraestrutura (como dutos e condutos) para o atendimento de empresas que não pertençam ao seu grupo.** A Anatel poderá vetar a participação da companhia que descumprir as exigências em leilões de radiofrequência.

Não há referência no PGMC com relação ao *full unbundling*, ou seja, à desagregação física das redes.

c) Oferta de EILD: O EILD destina-se a empresas que possuam autorização, permissão ou concessão da Anatel para a prestação de serviços de telecomunicações a terceiros, detentoras das licenças STFC e/ou SCM.: As detentoras de PMS terão que oferecer EILDs com desconto em relação ao preço de referência estipulado pela Anatel. Nos dois primeiros anos de vigência do PGMC, elas só poderão cobrar 80% do valor da tabela. A partir do terceiro ano, o percentual sobe para 90% e só após quatro anos de vigência do PGMC, as empresas poderão cobrar o preço cheio da tabela de referência. Também será exigida do grupo com PMS a implantação de Pontos de Troca de Tráfego (PTTs) em cada área de registro onde a empresa atua. A operação dos PTTs deve ser aberta, seguindo as diretrizes do PTTMetro, do Comitê Gestor da Internet no Brasil (CGI.br). A interconexão utilizada para o acesso aos PTTs será a de Classe V e a cobrança pelo acesso deve considerar diversas possibilidades de tráfego de dados (trânsito, trânsito parcial, *peering* e *peering* secundário).

d) *Backhaul*: A garantia de acesso à nova rede de oferta de banda larga também está prevista no PGMC. Empresas com PMS terão que reservar nada menos do que 50% da capacidade de *backhaul* para oferta a grupos concorrentes que prestem serviço de interesse coletivo.

2.3 Investimento para os Eventos

Algo que não foi abordado até então, e merece respaldo, diz respeito à necessidade de investimento, e, logicamente, a possibilidade grande de lucro, por conta de eventos que vão ocorrer no país nos próximos anos.

O que se sugeriu até o momento foram investimentos focados em cada segmento das telecomunicações, por conta da evolução da tecnologia, de forma geral. No entanto, os eventos como a Copa do Mundo de 2014 e as Olimpíadas do Rio de Janeiro de 2016 necessitam e muito de melhoras nas telecomunicações brasileiras, o que exige investimento tanto por parte do governo quanto da iniciativa privada.

Nessa parte é que o candidato a investidor deve ficar mais atento. Como se sabe, a Copa do Mundo de Futebol, juntamente com os Jogos Olímpicos, são os eventos de maior faturamento no mundo, assim como são os mais assistidos. Para tanto, há a necessidade de aprimoramento de todo tipo de tecnologia no ramo das telecomunicações, já que, na Copa, o mundo todo está voltado para este evento, através das transmissões de TV, rádio, *internet* etc., além, obviamente, das pessoas que vão ao país sede e necessitam se comunicar através da telefonia.

No caso específico do Brasil, segundo o estudo divulgado pelo Centro de Pesquisa e Desenvolvimento em Telecomunicações (CPqD), para a realização da Copa, a tendência é que os dispositivos móveis como os *smartphones* sejam os grandes responsáveis pela comunicação, gerando a necessidade de melhorias severas na telefonia móvel, sem esquecer da telefonia fixa, criando-se novos serviços ao público e resolvendo problemas antigos como qualidade de sinal, rede para transmissão e segurança de informação. Diante desse mapeamento dos problemas e tendências, são indicados quais os melhores métodos para atender a todos, gerando novos negócios.

Ainda segundo o CPqD, a grande necessidade brasileira com relação à Copa é de implantar infraestrutura mais consistente de banda larga, centrais de transmissão de dados nos estádios, redes móveis para uso em horário de pico, além de reestruturar transmissão de dados por fibra ótica. Ora, vê-se que há outros caminhos de investimento e lucro que não sejam diretamente a telefonia móvel e fixa, mas o que está por trás da prestação desses serviços, como a produção de cabos de fibra ótica, de redes móveis, novos sistemas de comunicação por rádio para a segurança etc.

3. Conclusão

O mercado das telecomunicações no Brasil sofreu inúmeras mudanças, quais sejam, a passagem de um modelo totalmente controlado pelo Estado para um modelo totalmente controlado pela iniciativa privada, contando, nesta última fase, com a existência de uma agência reguladora responsável pela fiscalização.

Nesse sentido, viu-se que um setor que pouco se tinha a investir passou a ser altamente rentável, tendo em vista a evolução tecnológica e de conhecimento.

No entanto, apesar da quebra do monopólio estatal, ainda há a existência de poucos grupos econômicos que controlam todos os segmentos de telecomunicações, já que, como também foi abordado, tais segmentos são convergentes, ou seja, o grupo que oferece a telefonia fixa, oferece a telefonia móvel, oferece também a *internet* banda larga e até a TV por assinatura etc.

Olhando por este lado, possíveis investidores ficariam desanimados, pela suposta falta de mercado. Apesar disso, há uma grande comoção para a abertura do mercado a novas empresas, como se vê com o Plano Geral de Metas de Competição, regulamento que busca aumentar a concorrência para proporcionar aos usuários melhor qualidade nos serviços e melhores preços. Essa é uma das saídas para aquele novo investidor no que se refere aos serviços tradicionais.

Outra questão interessante diz respeito a buscar novos mercados dentro do próprio mercado de telecomunicações. Os investimentos necessários para a realização de dois dos eventos mais importantes do mundo que ocorrerão no Brasil são uma grande oportunidade para fornecedores de redes móveis, cabos de fibra ótica, novas aparelhagens e aprimoramento de tecnologia.

Enfim, enquanto o PGMC não é aprovado, há outros caminhos que podem ser explorados. Boa sorte!

REFERÊNCIAS BIBLIOGRÁFICAS

ECO I TELECOM. *Lista de prioridades da Anatel e do Minicom tem 10 itens.* Porto Alegre 2011. Disponível em: <http://www2.favorit.com.br/v1/noticias-e-novidades/telecom/288-lista-de-prioridades-da-anatel-e-do-minicom-tem-10-itens->. Acesso em: 12 de julho de 2011.

INSTITUTO DE PESQUISA ECONÔMICA APLICADA (IPEA) *Desafios e oportunidades do setor de telecomunicações no Brasil* — Brasília 2010. Disponível em: <http://www.ipea.gov.br/portal/images/stories/PDFs/comunicado/100607_comunicadoipea57.pdf.>. Acesso em: 15 de junho de 2011.

SUNDFELD, Carlos Ari. A Regulação das Telecomunicações: papel atual e tendências futuras. *Revista Eletrônica de Direito Administrativo*

Econômico. Salvador, Instituto Brasileiro de Direito Público, n. 8 nov./dez. 2006/ jan. 2007.: <http://www.direito do estado.com.br>. Acesso em: 25 de abril de 2011.

CUZA, Luis. *Importância de um Plano Geral de Metas de Competição (PGMC)*. TELE SINTESE. *São Paulo 2005*. Disponível em: <http://www.momentoeditorial.com.br/index.php?option=com_content&task=view&id=317&Itemid=43>. Acesso em: 12 de julho de 2011.

TELETIME. *Confira as principais propostas da Anatel para o PGMC. São Paulo 2010*. Disponível em: <http://www.teletime.com.br/16/12/2010/confira-as-principais-propostas-da-anatel-para-o-pgmc/tt/208212/news.aspx>. Acesso em: 12 jul. 2011.

CAPÍTULO X
OPORTUNIDADES DE INVESTIMENTO EM TRANSPORTE TERRESTRE E AEROVIÁRIO

DANIEL GABRILLI

Sumário: *1. O serviço público de transporte terrestre. 1.1. Panorama geral. 1.2. Legislação aplicável. 2. Transporte Aeroviário. 2.1. A estrutura da aviação civil no Brasil. 2.2. O ingresso do setor privado nas atividades aeroportuárias. 3. Conclusão.*

Este Capítulo tem como objetivo a apresentação dos sistemas de transporte terrestre de passageiros por ônibus e o sistema aeroviário. Não somente a regulação será abordada, mas o principal objeto deste estudo é mapear de forma sucinta as principais oportunidades de investimentos nestes setores.

1. O SERVIÇO PÚBLICO DE TRANSPORTE TERRESTRE

1.1. PANORAMA GERAL

A Constituição Federal Brasileira elevou a um novo patamar os chamados serviços públicos, cuja prestação é obrigatória pelo Estado sendo-lhe facultado sua delegação a entes privados. Entre os diversos serviços caracterizados como públicos estão os de telecomunicações (telefonia fixa comutada), transporte, energia, entre outros.

Pode-se conceituar o serviço público de transporte como atividade executada sob o regime de privilégio, geralmente em caráter monopolista, acessível mediante procedimento licitatório e remunerado por tarifa cobrada diretamente do usuário.

Diz-se regime de privilégio pois mesmo que as liberdades empresariais sejam em parte tolhidas pela regulação do poder concedente do serviço, que determina o número de veículos, itinerários, horários de partida, entre outros, o concessionário goza de proteção contratual na manutenção da TIR (Taxa Interna de Retorno) contra as alterações unilaterais do contrato determinadas pelo Estado (chamadas de cláusulas exorbitantes em relação ao direito privado) ou ainda por alterações dos cenários macroeconômicos controlados ou não pela União Federal.

Podemos citar como exemplos desta proteção, aumento de tarifas, cancelamento de obrigações contratuais, subsídios financeiros para fazer frente ao aumento de frota, aumento no preço dos combustíveis ou ainda de tributos (exceto Imposto de Renda).

O caráter monopolista em sua operação apresenta-se na maior parte das concessões de transporte, mesmo a despeito da regra de concorrência imposta na lei das concessões, uma vez que a exploração de uma determinada região por mais de uma empresa leva à concorrência predatória e consequentemente à queda na qualidade do serviço.

Da exploração em caráter de monopólio legal é fundamentado o controle pelo Poder Concedente da tarifa paga pelo usuário do serviço.

É importante ressaltar que a forma de prestação monopolista sempre será disposta em detalhes no projeto básico da licitação, principalmente quanto aos seus limites e possíveis integrações com linhas de ônibus operadas por outras empresas ou com outros modais (trem e metrô).

A proteção constitucional à TIR inclui qualquer alteração realizada no projeto básico licitado durante a concessão. Isto porque, os prazos de concessões de transporte público, principalmente se precedido de obras civis, devem necessariamente ser longos, de 5 a 25 anos, a fim de que os investimentos da empresa possam ser amortizados.

Por se tratar de operação dinâmica e que deve se adaptar às novas condições das cidades, são frequentes alterações na forma de prestação dos serviços, principalmente quanto ao regime tarifário (integrações com outros veículos ou modais), seccionamento de linhas para adaptação com trens e metrôs, entre outros.

O acesso ao serviço público de transporte se dá exclusivamente por licitação, momento em que são expostas no Edital todas as obrigações da concessionária, do Poder concedente e direitos e deveres dos usuários. Para maiores informações recomenda-se a leitura do *Guia de Licitações Lexnet*.

1.2. LEGISLAÇÃO APLICÁVEL

Uma vez que o Brasil é uma República Federativa, a Constituição Federal de 1988 reservou a cada ente federativo a competência para regular o transporte público em sua área de influência.

Neste sentido, para o transporte público de caráter municipal (linhas que não transcendem os limites geográficos do município) compete a cada município regular sua operação; ao Estado as linhas intermunicipais e à União Federal as linhas interestaduais e internacionais.

Um modelo muito utilizado no Brasil para a delegação, fiscalização, revisão tarifária, entre outros deveres e competências do ente concedente é a concessão de toda a atividade relacionada ao transporte para empresas públicas ou sociedades de economia mista e estas empresas subconcederem a empresas privadas.

Este modelo visa emprestar maior tecnicidade no trato do transporte, pois, delegando-se a regulação à Administração Pública Indireta, traz-se maior independência ao órgão regulador no cumprimento das Políticas Públicas ditadas pelo poder político da administração direta. Analisemos três exemplos:

A cidade de São Paulo[1] possui a maior operação de transporte municipal do Brasil. Circulam na cidade, diariamente, 14.990 ônibus (convencionais, micros, "padrons", articulados e biarticulados), que percorrem 1.348 linhas e transportam em média 2.870.007.561 de passageiros ao ano. Para regular esse complexo sistema, a Prefeitura Municipal de São Paulo criou a SPTRans — São Paulo Transporte S.A que gerencia todo o transporte coletivo por ônibus na cidade.

Por sua vez, o Estado de São Paulo criou duas entidades diferentes para regulamentar o transporte interestadual.

Em 1986 o governo estadual criou a EMTU — Empresa Metropolitana de Transporte Urbano — sociedade de economia mista cuja competência é a regulação do transporte exclusivamente metropolitano de três regiões, a saber: Campinas, São Paulo e Baixada Santista. Apenas estas

---

1   Fonte: <www.sptrans.com.br>.

três regiões somam 67 municípios, 23 milhões de habitantes e transportam diariamente 1,5 milhão de passageiros[2].

Para as demais regiões do Estado, foi criada a ARTESP — Agência Reguladora de serviços públicos delegados do Estado de São Paulo, cuja competência no âmbito do transporte coletivo por ônibus exclui apenas as regiões sob a influência da EMTU. A ARTESP gerencia o transporte realizado por 33 mil quilômetros de vias, 132 empresas, 672 linhas rodoviárias, 448 linhas suburbanas e 168,8 milhões de passageiros (ano 2008)[3].

Por fim, no âmbito das linhas interestaduais e internacionais, a União Federal criou a ANTT — Agência Nacional de Transporte Terrestre, responsável pelo gerenciamento de um dos modais mais complexos[4], constituindo-se em 196 empresas, 13.907 ônibus, 131.561.738 de passageiros ao ano e 1.411.379.674 Km percorridos.

Não obstante cada ente federativo possuir competência para regular o seu sistema de transporte, a União Federal, utilizando sua competência para legislar de forma geral e nacional, editou as duas principais leis a respeito da concessão comum de transporte público, as Leis ns. 8.666/93 e 8.987/95.

A Lei n. 8.666/93 regula os procedimentos licitatórios realizados pela Administração Pública Direta e Indireta, inclusive empresas públicas, sociedades de economia mista e agências reguladoras, a serem observadas em toda delegação de serviço público de transporte rodoviário, para maiores informações, ver o *Guia Lexnet de Licitações*.

A Lei n. 8.987/95 regula de forma geral as delegações de serviço público às empresas privadas.

Suas principais diretrizes a serem observadas por todos os entes federativos podem ser assim descritas:

Fiscalização: A fiscalização na prestação dos serviços delegados deverá ser realizada pelo Poder Concedente, em cooperação com os usuários e a empresa não poderá constranger ou restringir seu poder fiscalizatório, que abrange desde a operação das linhas até a escrituração contábil das empresas.

---

2   Fonte: <www.emtu.sp.gov.br>.
3   Fonte: <www.artesp.sp.gov.br>.
4   Fonte: ANTT, 2008. Relatório de linhas interestaduais.

Serviço adequado: O texto legal obriga as empresas a oferecerem um "serviço adequado" ao usuário. Este serviço *adequado* pode ser considerado aquele que satisfaz as condições de regularidade, continuidade, eficiência, segurança e modicidade das tarifas.

Política tarifária: O valor das tarifas será sempre pactuado no momento de entrega da proposta comercial na licitação e sua alteração condicionada à autorização do Poder Concedente. Pode-se requerer alteração tarifária sempre que o Poder Concedente alterar as condições incialmente pactuadas, ou ainda por motivos alheios à vontade das partes, como, por exemplo, aumento de salários dos funcionários, alteração do preço do combustível, de óleos lubrificantes, aumento de impostos (exceto imposto de renda), entre outros. A política tarifária deverá sempre manter compatível a dualidade *modicidade tarifária* e proteção do *equilíbrio econômico-financeiro* dos Contratos, prevista no art. 37, inciso XXI, da Constituição Federal.

Porém, são frequentes os casos em que durante a concessão ou ao seu termo os investimentos e bens reversíveis não estejam devidamente amortizados.

Isto porque na dualidade acima citada (modicidade tarifária e equilíbrio econômico-financeiro) pode ocorrer que o Poder Concedente não revise as tarifas de acordo com a alteração dos custos dos insumos ou alterações na prestação dos serviços. Tal procedimento é conhecido como dicotomia entre Tarifa Política e Tarifa Técnica.

Nos casos em que a Tarifa decretada pelo Poder Concedente não seja o suficiente para a amortização do investimento (inclusive para os casos em que não haja reversibilidade de bens) caberão sempre alterações no Contrato para repactuar as obrigações do Concessionário e se restabelecer este equilíbrio. Ou ainda, ao final da concessão, e para o caso de reversibilidade de bens, o Concessionário tem o direito de receber em dinheiro e previamente o valor não amortizado dos bens reversíveis.

Reversibilidade dos bens: É facultada ao Poder Concedente, e desde que previsto no Edital de Licitação, a reversão dos bens vinculados na prestação do serviço ao final da concessão à Administração Pública. Esta faculdade tem como fim não interromper a prestação da atividade ao final dos contratos enquanto nova empresa não é contratada. Porém, é obrigatório que esta reversibilidade já esteja prevista no Edital, pois o exercício desta faculdade pela Administração Pública deve compor o *equilíbrio econômico-*

-financeiro contratual a fim de que no momento em que se opera a reversibilidade os mesmos já estejam amortizados.

Intervenção: O Poder Concedente, mediante condições específicas, e sempre observando o devido processo legal, poderá mediante decreto intervir na empresa delegatária a fim de manter os serviços concedidos. Porém, admite-se a intervenção apenas em casos extremos de problemas na execução dos serviços.

Encampação: O Poder Concedente, por razões de interesse coletivo relevante e mediante lei autorizativa, poderá encampar o contrato de concessão. Esta encampação visa retomar toda a atividade concedida expropriando o serviço concedido da empresa, porém, a encampação somente poderá ocorrer mediante o pagamento em dinheiro de indenização justa pelos bens não amortizados.

Rescisão: Nos casos de falta grave de uma das partes, seja o Poder Concedente seja a Concessionária, a outra poderá rescindir o Contrato e requerer as indenizações pertinentes. O Poder Concedente somente poderá se utilizar desta faculdade em casos extremos, sempre observando o princípio do devido processo legal e a ampla defesa. Nos casos em que o Poder Concedente é o inadimplente contratual, a Concessionária poderá também requerer essa rescisão, cumulada com uma ampla indenização, porém, é obrigada a manter a prestação do serviço até o trânsito em julgado do processo judicial, obrigatório para estes casos.

Para os anos de 2012 a 2014, estão previstas uma série de licitações no setor de transportes, principalmente as de competência da ANTT que licitará até o final de 2012 todas as linhas internacionais e interestaduais.

Para o mesmo período, há previsão de licitações para as regiões metropolitanas de Campinas, Baixada Santista e São Paulo, referente ao sistema intermunicipal de transporte, não obstante a criação de linhas especiais para servir aos eventos da Copa do Mundo de 2014 e Olimpíadas de 2016 na cidade do Rio de Janeiro.

2. Transporte Aeroviário

A infraestrutura aeroportuária é controlada em sua grande maioria pela Infraero — Aeroportos (cerca de 97%)[5], empresa pública que possui como objeto a administração da rede aeroportuária federal.

---

5 Fonte: <www.infraero.com.br>.

O monopólio da Infraero na infraestrutura aeroportuária causou ao Brasil grandes problemas logísticos, pela falta de investimentos em pistas, terminais de passageiros, radares, entre outros, gerando um dos maiores gargalos no País:

Vejamos a situação dos principais aeroportos[6]:

Aeroporto	Capacidade (em voos/hora)	Operação (em voos/hora)
Confins	16	19
Santos Dumont	15	18
Curitiba	14	18
Brasília	36	45
Congonhas	24	34
Cumbica	53	65

Estes dados demonstram que o transporte aeroviário é um dos que mais cresceram nos últimos anos no Brasil. Nos anos 2003/2008 houve um crescimento de 10% ao ano no volume de passageiros ao mesmo passo que o preço médio das passagens caiu 48% no período[7].

Diante da falta de investimentos em infraestrutura nestes últimos anos, é possível delinear alguns dos principais problemas a serem solucionados ao longo de 2011 e 2012 bem como onde serão concentrados os investimentos.

Aeroporto de Guarulhos (São Paulo) — O aeroporto de Guarulhos é o principal do País. Concentra o maior número de pousos e decolagens tanto nacionais quanto internacionais. Hoje sua capacidade é de 20,5 milhões de passageiros ao ano, porém, recebe cerca de 30,5 milhões. Com o aumento previsto no número de passageiros até 2014 (estimados em 45 milhões) estão programados investimentos em 1,2 bilhões de reais para implantação do terceiro terminal de passageiros (TPS3) e a construção de um novo módulo operacional estimado em 33 milhões de reais.

---

6 Fonte: *Revista Veja*, 29.10.2010, p. 174.
7 Fonte: *Revista Veja*, 29.12.2010, p. 174.

Aeroporto de Congonhas (São Paulo) — É o segundo aeroporto mais importante do País, com capacidade de receber 12,5 milhões de passageiros ao ano, mas opera atualmente com 15,5 milhões. Estão programados para os próximos anos a construção de terminais modulares e a reforma das pistas.

Aeroporto de Viracopos (Campinas) — Umas das principais alternativas aos aeroportos de São Paulo. Campinas é uma cidade do interior situada a cerca de 96 Km da capital e servida pelo melhor sistema rodoviário do País (Anhanguera-Bandeirantes). Viracopos possui a capacidade de operar com 3,5 milhões de passageiros ao ano (atualmente opera acima — 5 milhões), estão programados investimentos de 40 milhões para reforma da pista principal, ampliação do pátio do terminal de cargas e novo pátio de aviação geral.

Aeroporto Santos Dumont (Rio de Janeiro) — O aeroporto Santos Dumont situado na cidade do Rio de Janeiro atualmente opera acima de sua capacidade, com infraestrutura para receber 15 aeronaves por hora, mas opera com 18 pedidos de pousos e decolagens por hora. Estão previstos investimentos em obras complementares do terminal de passageiros orçados inicialmente em 45 milhões; cumpre ressaltar que estes investimentos deverão ser realizados o mais rápido possível haja vista a proximidade dos jogos olímpicos de 2016, que a cidade sediará.

Aeroporto Juscelino Kubitscheck (Brasília) — O aeroporto de Brasília, em conjunto com Guarulhos e Congonhas, é um dos *hubs* na infraestrutura aeroportuária. Opera hoje com 45 pedidos de pousos e decolagens por hora (possui capacidade para 36), 12,2 milhões de passageiros ao ano (capacidade de 10 milhões) e estão programados a reforma e modernização do terminal de passageiros, pátio de aeronaves, sistema viário e edificações complementares, orçados em 748 milhões de reais.

Aeroporto Afonso Pena (Curitiba) — Estão previstos investimentos de 73 milhões de reais para ampliação do terminal de passageiros e adequação do sistema viário. Hoje opera abaixo da sua capacidade (6 milhões por ano) porém, é estimado, até 2014, um crescimento na ordem de 7 milhões ao ano.

Uma vez que estes investimentos são de grande importância ao País, principalmente pela proximidade de eventos internacionais como Copa do Mundo (2014) e Olimpíadas (2016), o Governo Federal, recentemente, alterou sua visão e política para o setor a fim de atrair investimentos privados na construção e gerenciamento da malha aeroportuária do País.

2.1. A ESTRUTURA DA AVIAÇÃO CIVIL NO BRASIL

O primeiro marco regulatório para o setor adveio com a publicação da Medida Provisória n. 527/11 em 18 de março de 2011.

Esta medida provisória alterou a estrutura da Administração Pública a fim de dar mais agilidade aos investimentos necessários.

Assim, foi criada a Secretaria de Aviação Civil, órgão diretamente ligado à Presidência da República, retirando as competências referentes do Ministério da Defesa, com as seguintes atribuições:

(i) formular, coordenar e supervisionar as políticas para o desenvolvimento do setor de aviação civil e das infraestruturas aeroportuária e aeronáutica civil, em articulação, no que couber, com o Ministério da Defesa;

(ii) elaborar estudos e projeções relativos aos assuntos de aviação civil e de infraestruturas aeroportuária e aeronáutica civil e sobre a logística do transporte aéreo e do transporte intermodal e multimodal, ao longo de eixos e fluxos de produção, em articulação com os demais órgãos governamentais competentes;

(iii) formular e implementar o planejamento estratégico do setor, definindo prioridades dos programas de investimentos;

(iv) elaborar e aprovar os planos de outorgas para exploração da infraestrutura aeroportuária, ouvida a Agência Nacional de Aviação Civil — ANAC;

(v) propor ao Presidente da República a declaração de utilidade pública, para fins de desapropriação ou instituição de servidão administrativa, dos bens necessários à construção, manutenção e expansão da infraestrutura aeronáutica e aeroportuária;

(vi) administrar recursos e programas de desenvolvimento da infraestrutura de aviação civil;

(vii) coordenar os órgãos e entidades do sistema de aviação civil, em articulação com o Ministério da Defesa, no que couber; e

(viii) transferir para Estados, Distrito Federal e Municípios a implantação, administração, operação, manutenção e exploração de aeródromos públicos, direta ou indiretamente.

Esta medida provisória também alterou algumas das funções da ANAC — Agência Nacional de Aviação Civil — Agência autárquica especial com a competência de:

(i) implementar, em sua esfera de atuação, a política de aviação civil;

(ii) representar o País junto aos organismos internacionais de aviação civil, exceto nos assuntos relativos ao sistema de controle do espaço aéreo e ao sistema de investigação e prevenção de acidentes aeronáuticos;

(iii) elaborar relatórios e emitir pareceres sobre acordos, tratados, convenções e outros atos relativos ao transporte aéreo internacional, celebrados ou a serem celebrados com outros países ou organizações internacionais;

(iv) realizar estudos, estabelecer normas, promover a implementação das normas e recomendações internacionais de aviação civil, observados os acordos, tratados e convenções internacionais de que seja parte a República Federativa do Brasil;

(v) negociar o estabelecimento de acordos e tratados sobre transporte aéreo internacional, observadas as diretrizes do CONAC;

(vi) negociar, realizar intercâmbio e articular-se com autoridades aeronáuticas estrangeiras, para validação recíproca de atividades relativas ao sistema de segurança de voo, inclusive quando envolvam certificação de produtos aeronáuticos, de empresas prestadoras de serviços e fabricantes de produtos aeronáuticos, para a aviação civil;

(vii) regular e fiscalizar a operação de serviços aéreos prestados, no País, por empresas estrangeiras, observados os acordos, tratados e convenções internacionais de que seja parte a República Federativa do Brasil;

(viii) promover, junto aos órgãos competentes, o cumprimento dos atos internacionais sobre aviação civil ratificados pela República Federativa do Brasil;

(ix) regular as condições e a designação de empresa aérea brasileira para operar no exterior;

(x) regular e fiscalizar os serviços aéreos, os produtos e processos aeronáuticos, a formação e o treinamento de pessoal especializado, os serviços auxiliares, a segurança da aviação civil, a facilitação do transporte aéreo, a habilitação de tripulantes, as emissões de poluentes e o ruído aeronáutico, os sistemas de reservas, a movimentação de passageiros e carga e as demais atividades de aviação civil;

(xi) expedir regras sobre segurança área aeroportuária e a bordo de aeronaves civis, porte e transporte de cargas perigosas, inclusive o porte ou transporte de armamento, explosivos, material bélico ou de quaisquer outros produtos, substâncias ou objetos que possam pôr em risco os tripulantes ou passageiros, ou a própria aeronave ou, ainda, que sejam nocivos à saúde;

(xii) regular e fiscalizar as medidas a serem adotadas pelas empresas prestadoras de serviços aéreos, e exploradoras de infraestrutura aeroportuária, para prevenção quanto ao uso, por seus tripulantes ou pessoal técnico de manutenção e operação que tenha acesso às aeronaves, de substâncias entorpecentes ou psicotrópicas, que possam determinar dependência física ou psíquica, permanente ou transitória;

(xiii) regular e fiscalizar a outorga de serviços aéreos;

(xiv) conceder, permitir ou autorizar a exploração de serviços aéreos;

(xv) promover a apreensão de bens e produtos aeronáuticos de uso civil, que estejam em desacordo com as especificações;

(xvi) fiscalizar as aeronaves civis, seus componentes, equipamentos e serviços de manutenção, com o objetivo de assegurar o cumprimento das normas de segurança de voo;

(xvii) proceder à homologação e emitir certificados, atestados, aprovações e autorizações, relativos às atividades de competência do sistema de segurança de voo da aviação civil, bem como licenças de tripulantes e certificados de habilitação técnica e de capacidade física e mental, observados os padrões e normas por ela estabelecidos;

(xviii) administrar o Registro Aeronáutico Brasileiro;

(xix) regular as autorizações de horários de pouso e decolagem de aeronaves civis, observadas as condicionantes do sistema de controle do espaço aéreo e da infraestrutura aeroportuária disponível;

(xx) compor, administrativamente, conflitos de interesses entre prestadoras de serviços aéreos e de infraestrutura aeronáutica e aeroportuária;

(xxi) regular e fiscalizar a infraestrutura aeronáutica e aeroportuária, com exceção das atividades e procedimentos relacionados com o sistema de controle do espaço aéreo e com o sistema de investigação e prevenção de acidentes aeronáuticos;

(xxii) aprovar os planos diretores dos aeroportos;

(xxiii) conceder ou autorizar a exploração da infraestrutura aeroportuária, no todo ou em parte;

(xxiv) estabelecer o regime tarifário da exploração da infraestrutura aeroportuária, no todo ou em parte;

(xxv) homologar, registrar e cadastrar os aeródromos;

(xxvi) fiscalizar a observância dos requisitos técnicos na construção, reforma e ampliação de aeródromos e aprovar sua abertura ao tráfego;

(xxvii) expedir normas e padrões que assegurem a compatibilidade, a operação integrada e a interconexão de informações entre aeródromos;

(xxviii) expedir normas e estabelecer padrões mínimos de segurança de voo, de desempenho e eficiência, a serem cumpridos pelas prestadoras de serviços aéreos e de infraestrutura aeronáutica e aeroportuária, inclusive quanto a equipamentos, materiais, produtos e processos que utilizarem e serviços que prestarem;

(xxix) expedir certificados de aeronavegabilidade;

(xxx) regular, fiscalizar e autorizar os serviços aéreos prestados por aeroclubes, escolas e cursos de aviação civil;

(xxxi) expedir, homologar ou reconhecer a certificação de produtos e processos aeronáuticos de uso civil, observados os padrões e normas por ela estabelecidos;

(xxxii) integrar o Sistema de Investigação e Prevenção de Acidentes Aeronáuticos — SIPAER;

(xxxiii) reprimir infrações à legislação, inclusive quanto aos direitos dos usuários, e aplicar as sanções cabíveis;

(xxxiv) arrecadar, administrar e aplicar suas receitas;

(xxxv) contratar pessoal por prazo determinado, de acordo com a legislação aplicável;

(xxxvi) adquirir, administrar e alienar seus bens;

(xxxvii) apresentar ao Ministro de Estado Chefe da Secretaria de Aviação Civil da Presidência da República proposta de orçamento;

(xxxviii) elaborar e enviar o relatório anual de suas atividades à Secretaria de Aviação Civil da Presidência da República e, por intermédio da Presidência da República, ao Congresso Nacional;

(xxxix) aprovar o seu regimento interno;

(xl) administrar os cargos efetivos, os cargos comissionados e as gratificações de que trata esta Lei; *(Redação dada pela Lei n. 11.292, de 2006)*

(xli) decidir, em último grau, sobre as matérias de sua competência;

(xlii) deliberar, na esfera administrativa, quanto à interpretação da legislação, sobre serviços aéreos e de infraestrutura aeronáutica e aeroportuária, inclusive casos omissos, quando não houver orientação normativa da Advocacia-Geral da União;

(xliii) deliberar, na esfera técnica, quanto à interpretação das normas e recomendações internacionais relativas ao sistema de segurança de voo da aviação civil, inclusive os casos omissos;

(xliv) editar e dar publicidade às instruções e aos regulamentos necessários à aplicação desta Lei;

(xlv) firmar convênios de cooperação técnica e administrativa com órgãos e entidades governamentais, nacionais ou estrangeiros, tendo em vista a descentralização e fiscalização eficiente dos setores de aviação civil e infraestrutura aeronáutica e aeroportuária; e

(xlvi) contribuir para a preservação do patrimônio histórico e da memória da aviação civil e da infraestrutura aeronáutica e aeroportuária, em cooperação com as instituições dedicadas à cultura nacional, orientando e incentivando a participação das empresas do setor.

Estabelecida a competência da agência reguladora do setor de aviação civil, a INFRAERO, empresa pública controlada pela União Federal, tem como finalidade implantar, administrar, operar e explorar industrial e comercialmente infraestrutura aeroportuária, que lhe for atribuída pela Secretaria de Aviação Civil da Presidência da República.

Além do objetivo primordial, à INFRAERO compete:

(i) superintender técnica, operacional e administrativamente as unidades da infraestrutura aeroportuária;

(ii) criar agências, escritórios ou dependência em todo o território nacional;

(iii) gerir a participação acionária do Governo Federal nas suas empresas subsidiárias;

(iv) promover a captação de recursos em fontes internas e externas, a serem aplicados na administração, operação, manutenção, expansão e aprimoramento da infraestrutura aeroportuária;

(v) preparar orçamentos-programa de suas atividades e analisar os apresentados por suas subsidiárias, compatibilizando-os com o seu, considerados os encargos de administração, manutenção e novos investimentos, e encaminhá-los ao Ministério da Aeronáutica, para justificar a utilização de recursos do Fundo Aeroviário;

(vi) representar o Governo Federal nos atos, contratos e convênios existentes e celebrar outros, julgados convenientes pelo Ministério da Aeronáutica, com os Estados da Federação, Territórios Federais, Municípios e entidades públicas e privadas, para os fins previstos no artigo anterior;

(vii) promover a constituição de subsidiárias para gerir unidades de infraestrutura aeroportuária cuja complexidade exigir administração descentralizada;

(viii) executar ou promover a contratação de estudos, planos, projetos, obras e serviços relativos às suas atividades;

(ix) executar ou promover a contratação de estudos, planos, projetos, obras e serviços de interesse do Ministério da Aeronáutica, condizentes com seus objetivos, para os quais forem destinados recursos especiais;

(x) celebrar contratos e convênios com órgãos da Administração Direta e Indireta do Ministério da Aeronáutica, para prestação de serviços técnicos especializados;

(xi) promover a formação, treinamento e aperfeiçoamento de pessoal especializado, necessário às suas atividades;

(xii) promover e coordenar junto aos órgãos competentes as medidas necessárias para instalação e permanência dos serviços de segurança, polícia, alfândega e saúde nos aeroportos internacionais, supervisionando-as e controlando-as para que sejam fielmente executadas;

(xiii) promover a execução de outras atividades relacionadas com a sua finalidade.

Porém, mesmo que as competências de cada ente integrante da administração aeroportuária do País estejam claramente definidas, ainda não resta claro a forma como as novas parcerias com o setor privado serão configuradas.

As atividades aeroportuárias a serem concedidas aos entes privados carecem ainda de um marco regulatório específico do setor, pois as atuais concessões que se projetam ainda serão realizadas sobre a égide da lei geral de concessões (Lei n. 8.987/95).

2.2. O INGRESSO DO SETOR PRIVADO NAS ATIVIDADES AEROPORTUÁRIAS

Até o fechamento deste texto, o único modelo certo de parceria com a iniciativa privada foi estabelecido para o Aeroporto de São Gonçalo do Amarante — região próxima da capital do Estado do Rio Grande do Norte (Natal).

Esta inovação no modelo de exploração de atividade aeroportuária somente foi permitida após a sua inclusão no PND — Plano Nacional de Desestatização, em outras palavras, as parcerias a serem realizadas com a iniciativa privada para outros aeroportos dependem, primeiramente, de suas respectivas inclusões no mesmo Plano.

No modelo de licitação para o aeroporto ASGA, a ser realizado na modalidade de leilão com inversão de fases, o critério de julgamento determinado foi o de maior outorga (pagamento maior como contraprestação pela exploração), e o vencedor terá o direito de explorar a atividade pelo prazo de 28 anos.

Entre as obrigações do futuro concessionário estão a construção do aeroporto e sua manutenção e transferência dos bens necessários do atual aeroporto Augusto Severo. Ao Poder Concedente restaram as obras (algumas já realizadas) de terraplanagem, desmatamento, revestimento vegetal, pista de decolagem, entre outras.

Para arcar com todos estes investimentos, a Concessionária será remunerada pelas tarifas pagas pelos usuários do aeroporto denominadas: Tarifa de Embarque, Tarifa de Pouso, Tarifa de Permanência, Tarifa de Armazenagem, Tarifa de Capatazia e Tarifa pelo uso das Comunicações e dos Auxílios de Rádio e Visuais em Área Terminal de Tráfego Aéreo (TAT).

Além das Receitas Tarifárias, a concessionária poderá ser remunerada pela:

(i) Concessão de serviços a companhias aéreas: manuseio de solo (aeronaves, passageiros, carga e bagagem), *catering*, comissária, limpeza, e abastecimento;

(ii) Varejo e alimentação: *duty free*, bancos, correios, lotéricas, restaurantes e bares, máquinas automáticas de vendas, entre outras lojas comerciais (vestuário, livraria, joalheria, etc.);

(iii) Concessão de áreas: escritórios, área para armazenagem de cargas, zona de processamento de exportação, hotéis e centros de convenção;

(iv) Outros serviços ao passageiro: locação de automóveis, estacionamento, cinema, salas de reunião e hotel de trânsito;

(v) Outros: carregadores, transporte aeroporto-hotel, *city tours*, serviços de consultoria em aeroportos, telefonia e acesso à *Internet*.

No entanto, este modelo somente será aplicado para o aeroporto de ASGA, uma vez que o aeroporto ainda será construído e a responsabilidade caberá à concessionária.

Aos demais aeroportos que já operam no País, muitas incertezas sobre o modelo regulatório de exploração ainda se fazem presentes.

Recentemente os noticiários informaram que as concessões dos demais aeroportos serão realizadas em conjunto com a Infraero e em sociedade com a empresa privada; neste caso, ambas constituiriam uma Sociedade de Propósito Específico para gerenciar a atividade em determinado aeroporto, sendo que a Infraero poderá ter no máximo 49% da SPE.

No entanto, rumores de que os próximos aeroportos a serem "privatizados" — Guarulhos, Viracopos e Brasília já agitam as empresas interessadas na atividade a ser delegada.

O *Jornal Estado de São Paulo* publicou em 15 de junho de 2011 — página B7 — algumas parcerias firmadas para explorarem os aeroportos a serem objeto de delegação.

Estas parcerias, em sua maioria, são de construtoras brasileiras com operadores de aeroportos situados fora do País, por já possuírem a *expertise* necessária na exploração da atividade a ser delegada, tais como Andrade Gutierrez e Fraport (Alemanha), Galvão Engenharia e Munich Airport (Alemanha), Odebrecht e ADC&HAS (EUA), Carioca Engenharia e Aéroports de Paris (França) e Camargo Correa com Zurich Airport (Suíça).

Ainda serão necessárias algumas semanas (ou meses) para que os modelos sejam definidos, realizadas as Audiências Públicas obrigatórias e por fim sejam publicados os Editais.

De qualquer forma, os investimentos nessa atividade possuirão grandes retornos financeiros, pois já se encontra fundamentada a maturidade institucional do país nas concessões já realizadas em outras áreas, uma legislação estável e um Poder Judiciário que garante o cumprimentos dos contratos, dando ao parceiro privado a segurança jurídica necessária.

3. Conclusão

O seguimento de transporte no Brasil por muito tempo careceu de uma maturidade institucional, um marco regulatório seguro e investimentos públicos ou privados.

Após a edição da lei geral de concessões (Lei n. 8.987/95) marco regulatório para a delegação de serviços públicos, inicia-se um novo período de atração de investimentos privados para os serviços de transporte rodoviário.

Após tantos anos de sua vigência, pode-se considerar que o ambiente regulatório do setor adquiriu maturidade suficiente para atrair investidores institucionais privados bem como elevou-se o nível de segurança jurídica dos contratos pela formação de jurisprudência forte e consolidada a favor do concessionário de transporte público nas alterações unilaterais praticadas pelo Poder Concedente.

Por outro lado, o setor de infraestrutura aeroportuária há anos sofre de uma opção ideológica em sua exploração e pouco racional sob o ponto de vista econômico. Tendo em vista os fracos investimentos do setor público por anos (em razão principalmente da crise fiscal pós 1980) a malha aeroportuária chegou ao ponto de total estrangulação e saturação.

Uma vez que os investimentos públicos são lentos e ineficientes o Governo Federal decidiu alterar a forma pela qual serão realizados os investimentos neste modal.

Com isso, abrem-se novas oportunidades de investimentos para o capital privado neste setor estratégico do País.

Em que pese a ausência de um marco regulatório específico para o setor, as primeiras experiências na delegação deste serviço vêm sendo estudadas e já encontra-se em fase de licitação o primeiro projeto de delegação (ASGA). Quanto aos demais elencados neste artigo, ainda pairam muitas incertezas sobre o modelo adotado, de qualquer forma, o arcabouço legal já constituído (Constituição Federal — art. 37, inciso XXI e Lei n. 8.987/95) oferece uma segurança jurídica suficiente para a atração de investidores privados e a proteção do equilíbrio econômico-financeiro dos contratos de delegação.

CAPÍTULO XI
PARCERIA PÚBLICO-PRIVADA — PPP NO BRASIL. OPORTUNIDADES PARA OS INVESTIDORES INTERNACIONAIS. O CASO DO TRANSPORTE MARÍTIMO.

YURI VARELLA

Sumário: *1. Introdução. 2. Histórico da Questão Portuária no Brasil. 3. Portos e infraestrutura. 4. Parceria Público-Privada — PPP. 5. Conclusão.*

1. INTRODUÇÃO

O fenômeno da mundialização e a consequente globalização dos mercados exigem do investidor criatividade e inovação no sentido de se manter competitivo no cenário pós-moderno. Da mesma forma, impõe-se a necessidade de os Estados estarem aptos a fornecer condições propícias ao desenvolvimento do tráfego comercial, levando-se em conta tal complexidade do contexto comercial.

Questões que envolvem o ordenamento tributário e trabalhista, além de aspectos financeiros e culturais, são algumas das variáveis dessa grande equação comercial. Soma-se a isso o estado crítico em que se encontra grande parte dos países em desenvolvimento no tocante à questão da infraestrutura.

O conceito de "infraestrutura" é por demais cultural. A política do governo, nem sempre de maneira acertada, definirá o que é primordial para o desenvolvimento do país, e os investimentos públicos seguirão invariavelmente tais diretrizes.

Quando se trata do assunto *infraestrutura no Brasil*, especificamente sobre a questão portuária, diversas são as celeumas enfrentadas. Com efeito, da escassez de recursos e da falta de um planejamento estratégico adequado, emergem gritos de socorro por um melhor gerenciamento dos portos públicos do País.

O transporte marítimo pressupõe uma organização muito particular. Em linhas gerais o complexo portuário compreende ancoradouros; docas; cais; pontes e píeres de atracação; armazéns; vias internas e áreas de movimentação de cargas. Por conseguinte, o custo de implantação e manutenção dessa robusta infraestrutura pode abortar o sonho da eficiência logística do País do futuro.

Da parte empresarial, veementes reclamações apontam para a realidade de um sistema portuário arcaico. Todavia, o ônus de se construir e manter uma infraestrutura portuária competente e competitiva é por demais elevado, e a escassez de recursos públicos direcionados a esse importante modal tem dificultado o desenvolvimento do setor e gerado perdas econômicas incalculáveis.

Vale lembrar que, desde a Antiguidade, o mar consagra-se como espaço de maior promoção do comércio e do desenvolvimento econômico das civilizações.

Em suma, a modernização dos portos é quesito imprescindível para a evolução da economia brasileira e, se tão relevante questão for tratada com negligência, a competitividade internacional do País estará irremediavelmente comprometida.

A necessidade de o Estado conter seus gastos, ponderada a paradoxal necessidade de investimentos na infraestrutura portuária, tem levado o setor a pensar em alternativas com o intuito de promover o seu próprio desenvolvimento sem onerar os cofres públicos. É nesse cenário que surge a hipótese de um instituto moderno que aproxime e aprimore as relações público-privadas com foco no resultado: O Instituto da Parceria Público-Privada.

2. Histórico da Questão Portuária no Brasil

O crescente interesse da área empresarial nas questões inerentes aos portos não é um movimento que se pode considerar como moderno, novo ou unicamente contemporâneo.

Em verdade, esse interesse era posto de maneira veemente ainda na época colonial. O nascimento das empresas comerciais e a aliança de Dom João II com a burguesia fomentaram as antigas operações de comércio marítimo. Nesse sentido, pode-se afirmar que a descoberta do Brasil por Pedro Álvares Cabral em 1500, foi o resultado de uma política de expansão territorial pioneira que, em sua origem, estava intrinsicamente associada aos interesses mercantis da burguesia do reino, ávida na busca de lucros por meio do comércio marítimo.

No período colonial, o desenvolvimento do transporte marítimo foi marcado pelo desconhecimento das rotas e mares, pela dificuldade geral na navegação e pelos problemas com roubos de carga e danos a ela. Naquela época, as mercadorias eram transportadas de maneira primitiva, muitas vezes em barris, o que prejudicava severamente seu estado físico.

Alguns séculos à frente, com a Revolução Industrial, surgiria o barco a vapor, e, doravante, o transporte não sucumbiria facilmente às forças da natureza.

Na história da navegação, muitos instrumentos contribuíram para revolucionar o sempre importante modal marítimo. Entre eles podemos citar a bússola, mapas cartográficos, a navegação astronômica por latitudes e longitudes, o cronômetro naval, o posicionamento geográfico por satélite (GPS), radares, sondas acústicas e os novos sistemas de comunicação.

Em todo o mundo, a estrutura portuária se desenvolveu a largos passos para acompanhar as necessidades do tráfego comercial marítimo; cidades e até mesmo nações se desenvolveram a partir de portos.

No Brasil não foi diferente e, dificuldades à parte, fato é que a história colonial do Brasil, sua realidade contemporânea e o seu futuro econômico estão ligados de maneira inexorável à realidade portuária.

Por aqui, desde 1989, um amplo debate nacional direciona o País, ainda que de maneira pouco célere, em direção à modernização dos portos. Tal movimento culminou na promulgação da Lei n. 8.630 em 25.2.1993 pelo então Presidente Itamar Franco.

O escopo desse instrumento legal, em seus 70 artigos, compreendia a viabilização da modernização dos portos em diversos aspectos, entre eles a instituição dos OGMO — Órgãos Gestores de Mão de Obra, a fim de quebrar o monopólio dos serviços exercidos pelos sindicatos.

Desde então, em tarefa insalubre vem se traduzindo a substituição do arcaico e oneroso sistema portuário nacional. No caso específico da mão de obra, não se poderia esperar que os empresários investissem fortunas em equipamentos modernos na reestruturação dos portos, para que esses fossem operados por funcionários públicos, daí a necessidade da criação do OGMO como alternativa ao antigo sistema sindicalizado e extremamente ineficiente.

Desde a sua promulgação, muitas são as tentativas de se ampliar o alcance da Lei n. 8.630/93 no sentido de finalmente promover a verdadeira e necessária reforma portuária. De toda sorte, paralela às dificuldades políticas e legislativas sobrevém a dificuldade financeira.

É preciso ficar claro que o principal problema dos portos no Brasil, ou em qualquer país, são os pesados investimentos necessários à sua permanente renovação, recursos esses somente disponíveis na área privada.[1]

No Brasil, o grande entrave à exportação é conseguir oferecer às empresas brasileiras condições de embarque semelhantes àquelas dos seus concorrentes internacionais, principalmente no tocante a custos mais baixos, mas infelizmente a realidade para o empresário nacional, hoje, ainda é a de custos que beiram o dobro dos internacionais e serviços muito pouco eficientes.

Assim, para disputar mercados no competitivo ambiente internacional não há alternativa senão modernizar os portos e criar condições logísticas que diminuam os custos de embarque e desembarque dos produtos. No entanto, ainda que essa assertiva pareça óbvia, o próprio governo brasileiro, quando não negligente, age de forma a onerar a cadeia de custos de serviços portuários.

Em contrapartida, não podemos deixar de mencionar os avanços do setor que consistem, especialmente, na expansão dos *terminais privativos* que já movimentam grande parte das cargas portuárias do Brasil. Em verdade, esses terminais, autorizados pela Receita Federal, passaram a movimentar cargas para terceiros e, com efeito, oxigenaram o sistema portuário nacional.

Outros avanços muito significativos que podem ser citados, desde a implementação da Lei de Modernização dos Portos, são:

---

1   OLIVEIRA, Carlos Tavares de. *Modernização dos portos*. 4. ed. p. 62.

(i) a extinção do monopólio das Administrações Portuárias nos serviços de movimentação de cargas nos cais públicos, que passaram a ser realizados por empresas privadas mediante sua qualificação como operadores portuários;

(ii) a possibilidade de terminais de uso privativo movimentarem cargas de terceiros com a assinatura de contratos de adesão com o Ministério dos Transportes;

(iii) a isenção do pagamento do Adicional da Tarifa Portuária (ATP) pelos terminais privativos localizados fora da área do porto organizado;

(iv) a possibilidade de a União, por meio de licitação pública, descentralizar o sub-setor mediante concessão da exploração de porto público organizado, bem como mediante contratos de arrendamento entre o concessionário e o interessado privado, para a exploração comercial de áreas e instalações portuárias; e

(v) a possibilidade de a União concentrar os investimentos públicos em obras de infraestrutura, deixando sob a responsabilidade da iniciativa privada os investimentos relativos à superestrutura, aparelhamento portuário, recuperação e conservação das instalações.

Os portos brasileiros comemoraram, em 2009, 200 anos de sua abertura ao comércio internacional, e as perspectivas para o futuro são positivas, com investimentos públicos e privados para modernização do setor.

O sistema portuário brasileiro é composto por 37 Portos Públicos, entre marítimos e fluviais, dos quais muitos estão concedidos ou têm sua administração delegada a governos estaduais e municipais. Conta-se ainda com um grande número de Terminais de Uso Privativo. Todo esse sistema movimenta hoje mais de 800 milhões de toneladas de diversos produtos e está no limite de sua capacidade.

Dos portos públicos marítimos sob gestão da SEP (Secretaria de Portos da Presidência da República), 16 encontram-se delegados, concedidos ou têm sua operação autorizada aos governos estaduais e municipais. Os outros 18 marítimos são administrados diretamente pelas Companhias Docas, sociedades de economia mista, que têm como acionista majoritário o Governo Federal e, portanto, estão diretamente vinculadas à Secretaria e Portos.[2]

---

2   Secretaria de Portos do Brasil — Presidência <www.portosdobrasil.gov.br>.

No topo do *ranking* dos portos e terminais de uso privativo — TUP — que mais movimentaram cargas em 2010, está o TUP da CVRD no Espírito Santo, com 107 milhões de toneladas, seguido do TUP de Ponta da Madeira, no Maranhão, com 96 milhões de toneladas. O Porto de Santos, com 85 milhões de toneladas, ocupa a terceira posição, à frente do Porto de Itaguaí, com 52 milhões de toneladas.

Em 2010, a movimentação dos portos e terminais privativos brasileiros bateu o recorde de 833 milhões de toneladas em suas instalações e os maiores problemas apontados para o uso do sistema portuário nacional foram acesso rodoviário, infraestrutura de armazenagem, saturação do porto utilizado e calado.

Ainda que pesem as dificuldades de infraestrutura, é grande o otimismo entre especialistas sobre o futuro do modal marítimo, e especula-se que o volume da movimentação nos portos nacionais deva chegar a 1 bilhão de toneladas até 2015. Corrobora, nesse sentido, o exemplo do **Porto de Vitória,** que cresceu 37,7% em 2010 em comparação com o ano anterior.

3. PORTOS E INFRAESTRUTURA

Entende-se por porto a construção destinada a atender às necessidades da navegação em seus aspectos de movimentação e armazenagem de cargas. O complexo portuário, por sua vez, compreende o conjunto de ancoradouros; docas; cais; pontes e píeres de atracação e acostagem; armazéns; vias internas e áreas de movimentação de cargas; centros de distribuição e até mesmo complexos industriais.

Dentre os elementos institucionais dessa estrutura podemos dividi-los em dois segmentos:

a) **Serviços Públicos**: (i) **Fornecedores Públicos**: Autoridade Portuária; Capitania dos Portos; Ministério da Saúde; Ministério da Agricultura; IMETRO; e (ii) **Fornecedores Privados**: Amarradores; Práticos; Rebocadores; Operadores Portuários; Fornecedores de suprimentos aos navios.

b) **Serviços Privados**: Transporte Terrestre; Consignatários; Agências Marítimas; Despachantes; Operadores Logísticos.

A importância dos portos no contexto do comércio internacional e no desenvolvimento das nações é extraordinária. Das conexões internacionais ao desenvolvimento do comércio global, da atração de novos investimentos para o País até sua industrialização, tudo está intrinsicamente ligado ao desenvolvimento dos portos.

Não é exagero creditar tamanha importância aos portos, afinal, a cadeia logística global, com seu imenso fluxo de carga, gera a necessidade de se viabilizar o comércio de mercadorias em qualquer lugar do planeta e de forma extremamente ágil e competitiva.

Daí por que, a partir da década de 70, começaram a surgir nos portos as áreas industriais, dando lugar aos denominados portos de *segunda geração*, cuja principal característica é a enorme demanda de superfície terrestre e de águas profundas para os grandes navios-tanque e graneleiros.

Na esteira da evolução do segmento, começaram a surgir os portos de *terceira geração*, em que se passa a agregar valor, também, aos processos logísticos como um todo, agilizando-se os processos de produção. Em síntese, pode-se afirmar que as atividades desenvolvidas hoje para os usuários de um porto não se limitam mais às atividades tipicamente portuárias, mas sim a serviços cada vez mais ligados ao setor produtivo e aos seus processos.

Hoje já se fala em portos de *quarta geração*, aqueles que, além dos atributos dos de terceira, têm a capacidade de receber os maiores navios do mundo, com tecnologia de ponta e processos logísticos sem paradigma. Nesses grandes complexos portuários, tecnologia, intermodalidade e eficiência caminham conciliadas com a tutela ambiental.

Um exemplo digno da nomenclatura *quarta geração* é o Porto de Rotterdam, na Holanda. Esse imenso complexo é a porta de entrada do mercado europeu, com seus impressionantes 350 milhões de consumidores. Considerado como o porto de referência mundial em produtividade e tecnologia, movimenta anualmente a gigantesca cifra de 430 milhões de toneladas.

O Brasil, com uma costa de 8,5 mil quilômetros navegáveis ainda enfrenta graves problemas de infraestrutura que vão da necessidade premente de dragagem por falta de calado a investimentos em todo o complexo, que se apresenta, em muitos dos portos, absolutamente sucateado.

Aproximadamente 90% das exportações brasileiras, segundo a Secretaria Especial de Portos (SEP/PR), dependem da movimentação portuária. Nesse contexto, o Governo Federal criou a SEP/PR, gestora do Programa Nacional de Dragagem Portuária e Hidroviária (PND). O PND pretende executar projeto que contempla as obras de dragagem, com a remoção do material sedimentar submerso e a escavação/derrocamento do leito, além da manutenção da profundidade e ações de licenciamento ambiental.[3]

Outras dificuldades, os denominados "gargalos", são os acessos rodoferroviários aos portos e a má qualidade das vias de acesso, gerando-se, com isso, imensa desorganização logística que eleva o preço dos fretes e compromete a competitividade dos portos.

Sem dúvida, não podemos olvidar a indiscutível vocação do Brasil para as operações portuárias e o seu enorme potencial para a exportação e importação. Em vista disso, a iniciativa privada vem se movimentando a fim de fazer florescer, sob seu estímulo e inspiração, complexos portuários à altura do potencial do País continental.

4. Parceria Público-Privada — PPP

Como já foi comentado e enfatizado nos capítulos anteriores, o setor portuário carece de recursos, só disponíveis no ambiente privado, e a natureza privada da gestão e dos investimentos em infraestrutura portuária trata-se de uma tendência mundial.

Vejamos o exemplo do Porto de Rotterdam, de eficiência indiscutível. Sua estrutura é, em grande parte, privatizada. O Estado atua somente no limite de suas atribuições, cuidando de fiscalizações, policiamento e questões sanitárias.

Assim, diante do paradoxo: conter gastos públicos e viabilizar a infraestrutura portuária, apresentam-se alguns institutos. A princípio, os eleitos foram os de concessão e privatização e, mais recentemente, a partir do aprimoramento das relações entre o Estado e a iniciativa privada, surgiu o Instituto da PPP.

---

3   Sistema Portuário Nacional — Secretaria dos Portos.

As PPPs têm sua origem no direito anglo-saxão, não são apenas "mais uma concessão de serviços públicos". Trata-se, portanto, de um novo instrumento jurídico, com compreensão e contornos específicos, cujas premissas básicas são o gerenciamento e a busca por resultado. Por meio da articulação entre setor público, empresas e organizações não governamentais, o *instrumento PPP* busca viabilizar projetos considerados de interesse da sociedade, com expectativas de retorno positivo para todos os envolvidos.

Do ponto de vista jurídico, um grande escopo de contratos e instrumentos de regulação é compilado no nascedouro e na execução da parceria, sendo cada caso um universo singular concebido para alcançar propósitos específicos, tudo mediante o intercâmbio de interesses entre os parceiros público e privado.

Importante comentar a experiência da Inglaterra que, além de pioneira na institucionalização financeira e jurídica das PPPs, guarda semelhanças com o Brasil no que tange à trajetória econômico-política de privatizações e terceirizações nas décadas de 80 e 90. Na Inglaterra, as PPPs — chamadas *Private Finance Initiative (PFI)* — são uma realidade habitual desde meados da década de 90.

O modelo inglês vem apresentando resultados extremamente tangíveis por meio das modalidades de projetos de *Free Standing* (aqueles em que o serviço é pago pela cobrança do usuário final); de *Joint Ventures* (sob controle privado, restando ao Estado um papel secundário e bem delimitado); e de *projetos vendidos ao setor público* (serviços privados prestados ao setor público, por exemplo, tratamento médico).

No Brasil, a incorporação desse modelo também já é uma realidade. A compreensão básica que se exige das parcerias instituídas pela Lei n. 11.079/2004[4] é a divisão dos riscos e proveitos entre os parceiros numa relação de longo prazo, tendo como interlocutores dessa relação personagens públicos e privados.

A diferença mais marcante entre as PPPs e a privatização é que na primeira o setor público adquire e paga pelos serviços em nome da

---

4 Lei que institui normas gerais para licitação e contratação de parceria público-privada no âmbito dos Poderes da União, dos Estados, do Distrito Federal e dos Municípios.

comunidade, e retém a responsabilidade por sua entrega, ao passo que, na segunda, tal responsabilidade cabe à iniciativa privada.

A novidade legislativa está na criação de um sentido estrito para o termo *Parceria Público-Privada*. A Lei n. 11.079/2004 obsecrou a existência no Brasil, além da concessão comum (Lei n. 8.987/95), dos modelos de *Concessão Patrocinada* e de *Concessão Administrativa*.

Assim, em relação à natureza jurídica do Instituto PPP, pelo entendimento da Lei Federal, trata-se este de contrato administrativo de concessão, na modalidade patrocinada ou administrativa.

Na modalidade administrativa, a amortização dos investimentos é feita de forma exclusiva pelo Estado; na modalidade patrocinada, a amortização pode ser feita por tarifa paga pelos usuários, cumulada, às vezes, com verbas do próprio Estado.

O objeto das PPPs, de modalidade patrocinada, são os serviços públicos econômicos e as atividades econômicas de responsabilidade do Estado e suscetíveis de exploração. É o caso dos portos.

No contexto contemporâneo, em que se almeja a viabilização de negócios que requerem o aprimoramento da estrutura portuária, o contrato de parceria público-privada torna-se aspirante a reger os interesses que se afinam entre o setor público e o privado.

Para o investidor e a proteção de seu crédito, o modelo incorporado na esfera federal criou uma série de instrumentos, entre eles o fundo garantidor, constituído por inúmeras fontes de receita, que tem por escopo dar garantias ao parceiro privado.

Entre as garantias previstas na Lei n. 11.079/2004 ainda estão a possibilidade de transferência do controle da sociedade de propósito específico para seus financiadores; a possibilidade de emissão de empenho em nome dos financiadores do projeto em relação às obrigações pecuniárias da Administração Pública; a legitimidade dos financiadores do projeto para receber indenizações em caso de distrato; a possibilidade de vinculação de receitas; a utilização de fundos especiais ou de empresa estatal que possam disponibilizar garantias, a contratação de seguro-garantia e a previsão de multa de 2% de juros na hipótese de inadimplemento da obrigação pelo concedente.

Tais garantias perdurarão por períodos superiores ao do mandato do Chefe do Executivo que contratou a PPP, até mesmo porque a Lei das PPPs veta a contratação que tenha por objeto a prestação de serviços por prazo inferior a 05 anos.

Assim, o término de mandato e a manutenção das garantias não constituem qualquer ilegalidade ou irresponsabilidade fiscal, e a vinculação ou a afetação de determinada receita para o pagamento da obrigação também não configuram antecipação de receitas ou cessão de direitos, e devem perdurar o tempo previsto em contrato.

5. Conclusão

Diante da crescente experiência internacional na utilização das PPP's, da carência dos recursos públicos necessários para a modernização da infraestrutura dos portos do Brasil e da premente necessidade de se atrair o capital privado para investimento com segurança e lucratividade, foi criada a Lei n. 11.079/2004, que instituiu normas gerais para a licitação e contratação das PPPs.

Em verdade, o ciclo de concessões que teve início na década de 90 já revelava um estrito diálogo com a iniciativa privada, mas a edição da Lei n. 11.079/2004 pode, decididamente, ser vislumbrada como uma nova esperança para projetos específicos na área de infraestrutura portuária.

Prova de que o modelo promete ser o redentor para a modernização dos Portos no Brasil foi a assinatura em 26.11.2010 da maior PPP do País, no valor de R$ 7,6 bilhões e 15 anos de concessão, para as obras de infraestrutura que mudarão o cenário da Zona Portuária do Rio de Janeiro. É o consórcio Porto Novo — formado pela Norberto Odebrecht, OAS e Carioca Engenharia —, que, além de realizar as obras de recuperação da infraestrutura portuária, será responsável pela manutenção dos serviços públicos em toda a área.

Entre os aspectos positivos dessa interação público-privada, numa perspectiva social, está a possibilidade de se alcançar afinal, no País, a realização de indispensáveis investimentos em infraestrutura, sem ampliar o endividamento público.

Do ponto de vista do investidor, a segurança do Fundo Garantidor[5] propicia um menor risco do negócio uma vez que, no caso de a contraprestação devida pelo Poder Público não ser paga, o Fundo deverá garanti-la. Contudo, convém ressaltar que, do plano de negócio, até a licitação, celebração e vigência do contrato, recomenda-se ao empreendedor sensato uma assessoria jurídica especializada que tenha por escopo mitigar e minimizar quaisquer aspectos negativos aos seus interesses.

Por tudo quanto exposto, parece-nos que a colaboração entre o setor público e o privado, no modelo de Parceria Público-Privada (PPP), é metodologia eficiente para propiciar o desenvolvimento do modal marítimo no Brasil e, se bem conduzida, será capaz de otimizar a gestão de recursos o que culminará em resultados positivos para o investidor, para o Estado, para o contribuinte e, é claro, para o consumidor, que contará com o fornecimento de um serviço ampliado, moderno e mais eficiente.

REFERÊNCIAS BIBLIOGRÁFICAS

BOWERSOX, Donald J.; CLOSS, David J. *Logística empresarial* — O processo de integração da cadeia de suprimentos. São Paulo: Atlas, 2001.

FAGUNDES, Maria Aparecida de Almeida Pinto. *Parcerias em projetos de infraestrutura.* RDA 233/419-429 — Rio de Janeiro, 2003.

MARTINS, Eliane Maria Octaviano. *Curso de direito marítimo,* v. I. Barueri, SP: Manole, 2008.

QUEIROZ, M. I. P. *Relatos orais:* do "indizível" ao "dizível". In: VON SIMSON, O. M. (coord.). Experimentos com histórias de vida. São Paulo: Vértice/Editora Revista dos Tribunais, 1988.

OLIVEIRA, Carlos Tavares de. *Modernização dos portos.* 4. ed. São Paulo: LexEditora, 2000.

---

5   O Fundo Garantidor de Parcerias Público-Privadas foi criado pela Lei n. 11.079, de 30.12.2004, com a finalidade de prestar garantias ao parceiro privado sobre o pagamento da contraprestação pelo parceiro público. Trata-se de iniciativa inédita no mundo que objetiva conferir ao parceiro privado a segurança de que os valores devidos pelo parceiro público serão pagos.

Produção Gráfica e Editoração Eletrônica: GRAPHIEN DIAGRAMAÇÃO E ARTE
Design de Capa: FABIO GIGLIO
Impressão: COMETA GRÁFICA E EDITORA